Wolfhard Margies

Gott macht das Finstre hell

Wolfhard Margies,

62, verheiratet und Vater von 5 Kindern. Von Hause aus Arzt, hat er sich in früheren Jahren in Innerer Medizin spezialisiert, aber auch psychotherapeutisch betätigt. Ursprünglich beheimatet im klassischen Freikirchentum, ist er seit 20 Jahren Pastor einer charismatisch erweckten Gemeinde in Berlin.

Der Schwerpunkt seiner Tätigkeit, auch im Reisedienst und im Ausrichten von Seminaren und Konferenzen, liegt im Bereich der Seelsorge und einem ausgedehnten Lehr-Engagement. Über die Themen, die ihm am Herz liegen, hat er im Verlauf der Jahre an die 20 Bücher veröffentlicht.

Im Stiwa-Verlag erschienen: Heilung durch sein Wort (Band 1 und Band 2) und *Geisttaufe?*. Im Berliner Aufbruch-Verlag: Gnade; Glaube, der Wunder wirkt; Befreiung; Eine vollkommene Erlösung; Lust am Herrn; Erkennen, Glauben, Bekennen; Das Kreuz der Gesegneten; Sein Reich und meine Veränderung; Probleme sind (k)ein Segen; Deutsches Geschichtsbuch für Beter *und andere.*

Wolfhard Margies

Gott macht das Finstre hell

Essays zum Nachspüren

HYMNUS

Hymnus-Verlag

Die Deutsche Bibliothek – CIP - Einheitsaufnahme
Margies, Wolfhard:
Gott macht das Finstre hell : Essays zum Nachspüren
Hanne Baar (Hrsg.) –
1. Aufl. – Rottendorf : Hymnus, 2001
ISBN 3-933959-03-9

1. Auflage

Umschlagbild: Sven Herzberg, Berlin
Umschlaggestaltung und Grafiken im Text:
Jana Herzberg, Berlin
Druck: Schönbach-Druck GmbH, Erzhausen
ISBN 3-933959-03-9

Darum, weil wir diesen Dienst haben, gemäß der uns widerfahrenen Barmherzigkeit, so lassen wir uns nicht entmutigen, sondern haben abgesagt der Verheimlichung aus Scham und gehen nicht mit Ränken um, fälschen auch nicht Gottes Wort; sondern durch Offenbarung der Wahrheit empfehlen wir uns jedem menschlichen Gewissen vor Gott.

2. Brief an die Korinther 4,1-2

Gott macht das Finstre hell

INHALT

Vorwort

Können Christen denn dämonisiert sein? Diese Frage hört man immer wieder. Wer als Christ in seine alte, unerlöste Natur zurückfällt und sündigt, weiß in der Regel nicht, ob und wie weit Dämonen im Spiel sind. Je unverständlicher und zwanghafter das eigene Verhalten aber wird, umso näher liegt es, diese Möglichkeit in Betracht zu ziehen.

„Wenn euch nun der Sohn frei macht, so seid ihr recht frei." Diese Aussage der Schrift (Joh 8,36) belegt nicht, dass wir unangreifbar wären für Dämonen, sie ermutigt jedoch, dem Bösen mit der Autorität, die wir in Jesus haben, den Raum wieder zu entziehen, den dieser unter Umständen – womöglich von Kindheit an – in uns besetzt: trotzig verschlossene Komplexe (Gedankenfestungen) heimlicher Angst oder uneingestandener Bosheit.

In Jesus hatte der Böse nichts. Jesus selbst sagt: „Es kommt der Fürst dieser Welt, aber in mir hat er nichts" (Joh 14,30). Wer könnte das von sich so behaupten?

Ich möchte es gern von mir sagen können, dass der Böse in mir nichts hat, kein heimliches Versteck, aus dem heraus er andere oder mich (gelegentlich oder chronisch) attackieren kann. Dabei stelle ich mir Dämonen, wenn sie in solchen Nestern hausen, übrigens nicht wie Monster vor, sondern eher wie Viren, klein und gemein. Ihre Waffe (oder ihr Wesen?) ist Desinformation.

Wie auch immer, ob Monster oder Virus, „gebt dem Bösen keinen Raum“, mahnt der Apostel (Eph 4,27). Der vorliegende Text will helfen, Zusammenhänge zu verstehen und sich im Glauben jeder Zerstörung unserer Person entgegenzustellen. Er tut das ganz praktisch, auf eine höchst freundliche, leicht lesbare Art.

Das Thema und sein Ernst machen es nötig, dieses Buch statt mit vorgefasster Meinung oder Kritik lieber betend und fragend (im Geist der *Gabe der Unterscheidung*) zu lesen. Von daher passt es auch in die Reihe „Essays zum Nachspüren“. Der Leser, denke ich, wird den Aussagen ***nachspüren*** und das, was ihm Sinn macht, behalten und nutzen.

Die vorliegenden Ausführungen basieren auf der Kassettenaufnahme eines Seminars vor Fachleuten (den Mitarbeitern von ACL-Einrichtungen). So erklärt sich die ungeschützte Unmittelbarkeit des Stils.

Am Ende findet sich eine Übersicht der einschlägigen Bibelstellen, für die ich Herrn Pastor Peter Dippl aus Berlin danke.

Rottendorf, im Juli 2001 Hanne Baar

Die Abhängigkeit von unserem Herrn

1

Bevor ich mich dem zuwende, worum es hier gehen soll, dem Thema Befreiung, will ich mit Hilfe von drei Bibelstellen ein anderes Thema vorschalten. Dieses Thema ist mit dem Thema Befreiung insofern verknüpft, als es den Bezugsrahmen herstellt, innerhalb dessen wir uns bewegen. Es dient dazu, nicht aus den Augen zu verlieren, wo wir eigentlich hinwollen, was unser Ziel ist. Es ist das Thema: Abhängigkeit von unserem Herrn, von seinem Reden, von seinem Geist. Und weil ich mich hier an christliche Therapeuten wende, beinhaltet dieses Thema die Frage:

Wie kann man diejenigen, die leiden, weil sie von etwas anderem als von Gott abhängen, zum Beispiel von Drogen, in die *richtige* Abhängigkeit führen?

Die erste Bibelstelle stammt aus dem dritten Johannesbrief und lautet:

„Mein Lieber, ich wünsche, dass es dir in allen Stücken wohlgehe und du gesund seiest, so wie es deiner Seele wohlgeht“ (3 Joh 2).

Dieses Wort muss man eigentlich von hinten nach vorn lesen, damit die Abhängigkeiten der einzelnen Satzteile, nämlich Voraussetzung und Konsequenz, deutlich werden. Das Wort Gottes sagt hier, es soll uns gut gehen. Aber wir wollen die Reihenfolge beachten: „Mein Lieber (Gajus oder unser eigener Name), weil es deiner Seele wohlgeht, unter dieser Voraussetzung, wünsche ich, dass es dir auch in allen anderen Belangen wohlgehe und du gesund seiest.“

In dieser Reihenfolge betrachtet, bedeutet das, meine äußere Lebensqualität hat etwas damit zu tun, wie es mir innerlich (seelisch) geht. Eine solche Sichtweise ist verschieden von der, grundsätzlich jede Not als gottgewollt hinzustellen, als das Kreuz, das ich zu tragen habe. So gesehen widmen wir uns nämlich der Frage: Wie kann das geschehen, dass es unserer Seele wohlgeht? Wie kann die schriftgemäßte Voraussetzung für seelische Gesundheit geschaffen werden?

Nehmen wir die Verse 1, 3 und 4 zu Vers 2 hinzu:

1: Der Älteste an Gajus, den Lieben, den ich liebhabe in der Wahrheit.
2: Mein Lieber, ich wünsche, dass es dir in allen Stücken wohlgehe und du gesund seiest, wie es deiner Seele wohlgeht.
3: Denn ich bin sehr erfreut worden, da die Brüder kamen und Zeugnis gaben von deiner Wahrheit, wie du denn wandelst in der Wahrheit.
4: Ich habe keine größere Freude als die, dass ich höre, wie meine Kinder in der Wahrheit wandeln.

Wir können entnehmen, dass die Voraussetzung darin besteht, wie Gajus in der Wahrheit zu sein, und dass unter dieser Voraussetzung unsere Seele so gesundet, dass anschließend von dieser gesunden Seele „Wohlergehen in allen Stücken“ ausgehen kann.

Was ist nun Wahrheit? Wahrheit meint nicht Wahrhaftigkeit. Wahrhaftigkeit ist nur die Voraussetzung für die Fähigkeit, Wahrheit anzunehmen. Unter Wahrheit verstehen wir Gottes Wahrheit, Gottes Wort.

Denn wenn wir die Fülle der biblischen Angebote, Verheißungen und Zusagen, die Fülle dessen, was der Herr für uns getan hat, in uns haben und damit umgehen, wenn die Wahrheit unser Denken und unser Bewusstsein füllt, dann wird sie uns so prägen, dass wir einfach gesunden müssen.

Nun erlebe ich es in der Gemeinde, in der ich Pastor bin, dass bestimmte Heilungen und Befreiungen, Befreiung von Zwängen, von Depressionen oder was immer die Person quälen mag, nicht in jedem Fall so schnell erfolgen, wie ich mir das wünsche. Wie wohl jeder Seelsorger möchte ich möglichst schnell möglichst viele gute Resultate sehen. Und ich erfahre das auch recht häufig, aber eben recht häufig auch nicht. Und wenn ich dann genauer hinschaue, was der Grund dafür ist, dass jemand die Wahrheit verstanden hat, aber dennoch nichts an Befreiung passiert, dann steckt ganz regelmäßig ein bestimmter Sachverhalt dahinter: Diese Person kennt die Wahrheit, bejaht sie, kann sie auch mit dem Munde aussprechen, kann sich trennen von diesem und jenem, kann tausend Leuten vergeben und noch vieles andere, aber es geht ihr schließlich doch nicht besser. Warum? Sie bejaht nur theologisch, was sie tut oder ausspricht. Es ist noch nicht in ihren Gefühlen. Und als Seelsorger kann ich mich jetzt drehen und wenden wie ich will, die Resultate meiner Seelsorge werden spärlich sein.

Es ist nötig, ein Mensch der Wahrheit in dem Sinne zu werden, dass wir alle Kostbarkeiten und Geschenke, die uns der Herr in seinem Wort gegeben hat, wirklich im Herzen ergreifen. Und es gibt keine Methode, die diese Bereitschaft, im Herzen zu glauben, was Gott uns sagt, ersetzen könnte. Nur die Wahrheit, die wir glauben, hat diese wesens- und identitätsverändernde Kraft. Besonders denke ich an dasjenige aus dem Wort Gottes, was unser neues Wesen in Jesus beschreibt. Denn was wir „in Jesus" sind, sind wir in der Tiefe unseres Geistes, in der Tiefe unserer Innenperson, oft zunächst nach außen hin noch gar nicht erkennbar.

In Jesus bin ich nicht mehr der/die Alte. In ihm bin ich neu, bin ich der Sünde (und den Sünden) gestorben, bin ich ein Überwinder, bin ich gerecht. Und weil ich gerecht bin, weil Gott mein Vater ist und Jesus mein Erlöser, bin ich nicht nur so gerade gut genug, sondern über die Maßen wertvoll und geliebt.

Dies ist eine erste Antwort darauf, wie es unserer Seele wohlgehen kann.

Ich komme zur zweiten Bibelstelle (Jes 55,1-5):

„Wohlan, die ihr durstig seid, kommt her zum Wasser, und die ihr kein Geld habt, kommt her, kauft ohne Geld und umsonst Wein und Milch. Warum zahlt ihr Silber dar für das, was kein Brot ist, und sauren Verdienst für das, was nicht sättigt? Hört doch auf mich, und esset das, was gut ist. Lass dein Selbst Lust haben an Fettem."

Wenn wir durch Gottes „Laden" gehen, vorbei an all den Angeboten, die er uns macht, ist es nötig, sie zu begehren. Das bedeutet: „Kommen und kaufen." Gleichzeitig ist eisern darauf zu achten, nicht zu bezahlen, was wir genommen haben. Denn darin besteht die hohe Kunst, mit Gottes Geschenken zu leben, ohne am Ende leer auszugehen: Wir sollen unbedingt kommen, begehren, nehmen – aber nicht bezahlen. An dieser unscheinbaren Stelle entscheidet sich, ob man überhaupt etwas bekommt oder nicht. Denn wer doch irgendwie nachgeholfen hat und Gottes Geschenke verdienen wollte, wird eine schlimme Entdeckung machen: Er hat nicht das ergriffen, was Wert hat, was Brot ist und satt macht. Er hat vielleicht Hundefutter gegriffen oder nur die Verpackung, eine Attrappe. In dem Moment, in dem wir glauben, das Gute von Gott verdienen (= bezahlen) zu können, verwandelt es sich in etwas Wertloses, sofern wir nicht überhaupt ganz danebengegriffen haben. Wer Gottes freies Geschenk unserer Erlösung mit der eigenen Leistung in Verbindung bringt, hat die Gnade in der ganzen Breite des göttlichen Angebotes entwertet. Er lebt aus der eigenen Tasche, von der eigenen Substanz. Und er wird in absehbarer Zeit am Ende sein.

Insbesondere sollen wir als Seelsorger unseren Wert auf keinen Fall von unserer Arbeit an den Ratsuchenden her beziehen. Wenn man an Schwachen und Leidenden mit Erfolg arbeitet und sieht, es geht ihnen besser, dann wirft das schon etwas an Freude ab. Zu erleben, dass man gesegnet wird, während man andere segnet, macht Freude. Die Freude ist natürlich nicht verboten. Aber es ist absolut verboten, mit der Absicht zuzugreifen, uns von dieser Aufwertung ernähren zu wollen. Wenn das unser geheimes Motiv ist, dann werden wir am Ende nichts in der Hand haben.

Lasst uns Gott bitten: „Bewahre mich davor, dass ich mich an dieser Stelle kunstvoll und raffiniert vergreife. Ich will hier eine heilige Hygiene walten lassen und will sicherstellen, dass ich von dir her lebe.“

Jeder, der sich ernsthaft prüft, kann selbst erkennen, ob er von Gott nimmt, was ewigen Wert hat, ob er diese hohe Kunst entwickelt hat, oder ob er sich abmüht für etwas, was nicht satt macht, was keine Nahrung ist. Der Heilige Geist will uns auffordern: „Werde ein Mensch, der von der Gnade Gottes lebt."

Wie kann das praktisch geschehen? – Indem wir, bevor wir uns in unserem Alltag unter Menschen begeben, bereits selbst eine Zeit mit Gott verbracht haben und aufgesättigt ins Rennen gehen. Andernfalls sind wir als Seelsorger oder Therapeuten gefährliche Leute. Man muss regelrecht vor uns warnen: „Achtung, jetzt kommen die Bestien. Sie vergreifen sich an euch, die ihr Hilfe sucht. Sie wollen im Grunde nur etwas für sich selber haben. Sie tun das sehr kunstvoll. Erst investieren sie in euch soziales Verhalten, Therapie und dergleichen. Und nachher zeigt sich, sie sind die Unersättlichen, die euch anzapfen und sich von euch ihre Anerkennung und Aufwertung holen." Ja, die Therapeuten unter uns, ganz gleich auf welcher Qualifikations-Ebene, sind die Schlimmsten. Es sei denn, wir sind, bevor wir unter Menschen gehen, mit dem Herrn zusammen gewesen und haben *bei ihm* getankt. Manches Mal habe ich mich selbst infrage stellen müssen, ob ich als einer, der das weiß, nicht das erste Opfer dieser Versuchung geworden bin.

Wenn ich zum Beispiel aus unserer Bibelschule komme und vor den Leuten, es sind phantastische Menschen, einen Vormittag gelehrt und viele Fragen beantwortet habe, dann ist das so angenehm, so aufbauend, dass ich danach zwar müde bin, aber auch irgendwie beschwingt. Und so habe ich mich manches Mal geprüft: „Wolfhard, wie war das heute? Bist du sicher, dass du primär gegeben und nicht genommen hast?"

Wenn man zuvor mit dem Herrn zusammen war und durch ihn Freude erlebt hat, durch dieses Empfangen und Nehmen von ihm (nehmen ist glauben) und so wirklich aufgesättigt in den Tag geht, dann hinterlassen wir bei anderen Segen. Und die so Gesegneten freuen sich und wir mit ihnen. Sind wir dagegen nicht oder nur teilweise von Gott her aufgesättigt, dann hat unser Geben letztlich die Absicht, uns etwas für uns selbst zu holen. In unserem Dienst werden wir dann eine Mischung aus Segen und Unsegen erleben, aus Glück und Unglück und Pleiten, die nicht sein müssten. An dieser Stelle will uns der Herr zu völliger Wahrhaftigkeit und Genauigkeit ermutigen, so dass wir für das, was Gott uns *schenkt*, nicht mit Mühe bezahlen, mit fleischlichem und seelischem Einsatz. Er sagt uns: „Du sollst nehmen, du brauchst nicht in wunschloser Bescheidenheit an den Segnungen vorbeizugehen. Aber tu es im Glauben, dass es umsonst ist, dass es dir in Jesus bereits gehört."

Lasst uns einen Entschluss fassen: „Herr, ich will meine Seele so sättigen lassen durch dich, durch alles, was du mir an Wunderbarem in deinem Wort zusagst, dass ich tatsächlich nachher erlebe, dass es meiner Seele, diesem schwierigen, kapriziösen Teil meiner Person, gut geht, dass sie sich »im Fett« vorkommt, so richtiggehend wohlig, abgesättigt und zufrieden." Wir alle brauchen dieses Zwischenergebnis, uns im Herrn so wohlzufühlen, dass wir sagen können: „Danke Herr, es geht mir hundertprozentig gut, und alles durch dich, und so einfach, so unverschämt einfach. Alles hast du bezahlt für mich." Die Entscheidung, auf die es ankommt, ist die: „Herr, ich nehme jetzt von dir, was du mir zusagst. Und somit habe ich es."

So werden die biblischen Glaubensinhalte unser Besitz, und wir sind vom Herrn, durch sein Wort, das er selber ist, gesättigt, so dass unsere Seele zur Ruhe kommt. Bis dahin sind wir nur hungrige Wölfe, die andere anfallen und ausnutzen als Lieferanten von Anerkennung, Beifall, Bestätigung und Liebe, die ununterbrochen Idole suchen oder selbst sein wollen und sich nur immer weiter vom Herrn entfernen. In dieser praktisch gelebten Unabhängigkeit von ihm kann uns der Herr vielleicht eine Zeitlang halten, so dass wir nicht ganz absacken. Aber er kann mit uns nicht seine Pläne durchführen.

Ich denke, es ist einsichtig, dass hier die Zusammenhänge sind, die wir wissen sollen. Und die übrigens sehr entspannend sind, Spaß machen, Frieden erzeugen, und durch die wir immer wissen, wie man an den Kraft-Nachschub kommt, so dass man nicht ständig aus dem letzten Loch pfeifen muss.

2

Das war ein Plädoyer für die Endscheidung: „Ich will sehen, von welchen Quellen ich wirklich lebe. Ich will mir an dieser Stelle nichts vormachen." Ein Plädoyer für Abhängigkeit vom Herrn. Wer sich im Anschluss an eine solche Selbstprüfung dem Herrn unterordnet, sich ganz von ihm abhängig macht, erlebt einen Strom von Frieden und Segen.

Das Gegenteil ist Unabhängigkeit. Und Unabhängigkeit von ihm ist der Anfang von allem Leid, ist Sünde schlechthin, ist der Anfang des Falles, der Verminderung des Segens, der Vermengung von Segen und Unsegen. Unabhängigkeit, auch wenn sie noch so kunstvoll getarnt ist, ist der Beginn des Unglücks.

Es gibt eine praktische Unabhängigkeit mitten im Dienst für den Herrn, das ist ja dieser schwer verstehbare Zusammenhang. Wir dienen dem Herrn, wir leben für ihn, wir setzen uns ein, wir bringen Opfer, wir verzichten auf eine gut dotierte bürgerliche Stelle, wir geben alles hin. Und der Herr sagt: „Ich sehe dein Bemühen und freue mich über dich. Aber du lebst letztlich aus anderen Quellen. Zumindest an manchen Stellen deines Dienstes zapfst du andere Ressourcen an."

Unabhängigkeit hat auch noch einen anderen Namen: Stolz. Stolz ist die Entscheidung, Defizite, die man bei sich selbst wahrnimmt (meist unmerklich, unbewusst, halbbewusst), in eigener Regie und mit eigenen Kräften und Fähigkeiten so aufzufüllen, dass man dadurch vor Menschen bestehen kann, von ihnen Bestätigung, Anerkennung und Beifall bekommt.

Stolz ist also der Versuch, von verkehrten Quellen zu leben und sich durch einen Griff nach Menschen

Hilfe zu verschaffen, statt sie sich von Gott zu holen. Es ist nicht schuldhaft, ein Defizit zu haben. Die Schuld beginnt dort, und es ist eine tragische Schuld, wo man sich verkehrter Mittel bedient, um es aufzufüllen. Unabhängigkeit in dem beschriebenen Sinn und Stolz sind letztlich identische Begriffe. Und ich denke, es ist uns sattsam bekannt, dass Stolz und Hochmut der Anfang aller Probleme ist. Das wissen wir sowohl von unserer Theologie her als auch aus Erfahrung.

Wie beseitigen wir ihn nun, wie siegen wir über Stolz? Wenn Stolz gelebte Unabhängigkeit ist, wie gehen wir dann vor?

Anhand unserer dritten Bibelstelle, Psalm 131,1-3, wollen wir uns das genauer ansehen:

„Herr, mein Herz ist nicht hoffärtig, und meine Augen sind nicht stolz, und ich gehe nicht mit Dingen um, die mir zu groß und zu wunderbar sind. Nein, ich habe meine Seele beruhigt und gestillt. Wie ein entwöhntes Kind bei seiner Mutter, wie ein entwöhntes Kind ist meine Seele in mir. Israel hoffe auf den Herrn, von nun an bis in Ewigkeit."

In einer Direktheit, die einem die Sprache verschlägt, sagt David: „Herr, ich bin nicht stolz." Und wir dürfen unterstellen, dass das stimmt. David ist das Beispiel eines wahrhaftigen, demütigen Menschen.

Zwar sollen die Gläubigen, die Heiligen Gottes, „ihre Zelte *weit* stecken", der Herr will, dass es vorangeht und wir gesegnet sein sollen. Ohne Frage. Aber innerhalb der Reichweite unseres Glaubens. Wir sollen uns nicht ergötzen und ablenken durch irgendwelche unerreichbaren Traumgebilde, in denen sich nur Phantasie und Stolz ausleben. Das tut David nicht.

Wie macht er es nun, nicht hoffärtig zu sein oder in unguter Weise zu hoch hinaus zu wollen? Die Antwort bekommen wir in Vers 2:

„Wie ein entwöhntes Kind bei seiner Mutter, wie ein entwöhntes Kind ist meine Seele in mir. “

Ein faszinierender Zusammenhang! Da sagt ein Mann Gottes: „Ich darf feststellen, ich bin nicht hochmütig. Ich bin nicht hoffärtig. Ich bin demütig.“ Und dann gibt er anschließend die Erklärung, wie er das schafft. Er sagt nicht: „Seele, reiß dich am Riemen! Bloß nicht hoch hinaus! Sei demütig, bleib auf dem Boden!“ Solche Appelle spart er sich.

Nein, wir brauchen ein *wirkliches* Heilmittel. Wir brauchen eine Antwort auf den Urschaden – nicht nur für den bei Adam und Eva und der Menschheit überhaupt, sondern auch für unseren, für den Schaden in unserem eigenen Leben. Wir brauchen eine biblisch korrekte Antwort. Und wir finden sie hier. Die Antwort Davids ist: „Ich habe meine Seele gesättigt bei meinem Gott wie ein Kind bei der Mutter. Und zwar bis zur Entwöhnung.“

Ich denke, hier ist nicht nur jene Entwöhnung gemeint, die die Kinder erleben, wenn sie nicht mehr gestillt werden, vielmehr geht es um den Moment, wo das Kind so satt ist, dass es die Mutterbrust aufgibt, um sich dann den nächsten nützlichen Dingen zuzuwenden, dem Spielen oder dem Schlaf, was auch immer. Es kommt ja nicht nur darauf an, gesättigt zu sein, sondern darauf, gesättigt zu sein, um für etwas anderes zur Verfügung zu stehen, frei zu sein dafür.

ICH bin bei dir.

Wenn Kinder im Alter von zwei, drei oder vier Jahren durch andere Kinder verletzt werden, was machen sie? Sie kommen zu den Eltern gerannt, bergen ihr Gesicht in ihrem Schoß und weinen sich aus. Und sei es nur für Sekunden. Wir streicheln sie, küssen sie, segnen sie, wir beten, wir tun irgendwas Gutes (hoffentlich mit ganzem Herzen). Und schon nach einigen Sekunden ist das Kind einfach zufrieden. Der Affekt ist beruhigt, der Ärger verraucht. Kein Defizit mehr, keine Trauer. Das Kind ist erleichtert und mit Liebe gesättigt. – Und was macht es nun? Das normale Kind geht wieder zurück, um weiter zu spielen. Es wagt sich in neue Abenteuer hinein.

Kinder, die an den Rockschößen der Mütter hängenbleiben, sind diejenigen, die *nicht* aufgesättigt sind, deren Verwundung so stark war, dass sie quasi ununterbrochen bei der Mutter sein müssen. Ein fast gefährliches Verhalten im geistlichen Zusammenhang. Natürlich wollen wir nicht vom Herrn weggehen, aber wir wollen doch wieder zurückgehen in Bereiche des Alltags und des normalen Lebens und verfügbar sein für andere Dinge und Aufgaben.

David drückt das so aus: „Indem ich meine Seele bei meinem Herrn sättige wie ein Kind bei der Mutter, bin ich nicht hoffärtig, deswegen sehen meine Augen nicht stolz, deswegen muss ich mit meinen Augen nicht fischen und angeln, Triumphe einheimsen und dafür sorgen, dass andere mich anschauen, mir zunicken, sich mir stillschweigend unterordnen."

All das ist überflüssig, wenn ich mich gesättigt habe. Und im Sättigen ist die Erfahrung des Stillseins auch enthalten. Ich bin beruhigt, beschwichtigt, die Seele hat Frieden. Und die Seele, die Frieden hat, ist nachher willig, irgendetwas zu starten. Hoffentlich das Richtige.

Das ist die Antwort auf die Frage, von der ich spüre, dass sie in den Reihen der Christen unzulänglich beantwortet wird: Wie kommen wir von unserem Ego-Trip der Unabhängigkeit herunter? Wie kommen wir herunter von unseren vielfältigen Bemühungen, uns in den Mittelpunkt zu stellen, abzusahnen, Menschen zu missbrauchen, um von ihrer Anerkennung zu leben. Wie kommen wir herunter vom Stolz?

Indem wir erleben: Mein Herr ist wie eine Mutter. Er ist so lieb, so freundlich, so sanft, so zugewandt, so erfahrbar! Ich kann mit ihm so sehr Gemeinschaft haben, ihn so nah erleben, dass ich nachher zufrieden bin und gesättigt.

Hier liegt die Antwort, nicht in Appellen, sich zusammenzureißen oder Lust aufzugeben. Wir sind so angelegt, dass wir ununterbrochen auf Lust aus sind. Die Aufforderung, denkt nicht nur an euch, denkt nicht nur an euer Vergnügen, eine solche Aufforderung ist in sich unsinnig. Wir können die Suche nach Glück nicht lassen. Wir sollen es auch gar nicht. Wir sollen bei der richtigen Instanz suchen, unseren Hunger von der richtigen Person her stillen lassen, und das ist Gott.

Solange wir Gott nicht so erleben, werden wir andere anzapfen müssen. Denn wir sind nicht zu bewegen, auf Lust zu verzichten. Wenn wir jedoch die Sehnsucht nach Wohlbefinden von der richtigen Quelle her stillen, dann ist der Herr in diesem Punkt auf unserer Seite.

Ich habe den ganz starken Eindruck, dass wir das Bild unseres Herrn entrümpeln müssen von all jenen Zutaten, die angsterzeugend sind, die das Bild Gottes verdunkeln, die es verschleiern, so dass viele Menschen vor diesem Herrn Angst haben. Sie begegnen Gott als einem Gott, von dem sie spüren oder schon zu wissen meinen, dass sie, wenn sie sich jetzt mit ihm einlassen, im nächsten Augenblick beraubt werden. Dieses Bild, das geradewegs aus der Küche des Teufels kommt, gilt es in aller Entschiedenheit, Liebe und Konsequenz umzuzeichnen.

Ich glaube, wenn die Menschen in Not Gott erleben, wie er wirklich ist, gütig, werden wir es leicht haben, ihnen zu helfen.

3

Eine Lehre, die, um uns aus Angst zu motivieren, die unvorstellbare Überlegenheit und unantastbare Heiligkeit Gottes hervorhebt, steht in Kontrast zu dem Vers aus dem Römerbrief (Rö 2,4): „Weißt du nicht, dass die Güte Gottes dich zur Umkehr leitet?“

Wenn wir mittels Drohung motiviert werden sollen, dann werden wir uns verhalten wie ein störrischer Esel, der zu Gott gezogen und getrieben und hingeprügelt werden muss – entsprechend einem Spruch unserer Groß- und Urgroßväter: „Gehe nicht zu deinem Fürscht, wenn du nicht gerufen wirscht.“

Nein, Gott will, dass wir, weil er gütig ist, umkehren. Wir sollen wahrnehmen: Um gut sein zu können, brauche ich mehr von seiner G ü t e . Und dann, wenn wir es wollen, geleitet er selbst uns immer näher zu sich hin.

Bei dem Wort „geleiten“ habe ich eine Rokokogesellschaft vor Augen, wo der Mann galant seine Frau geleitet, ganz vorsichtig, indem er ihre Hand so gerade berührt. Da ist kein Ziehen und kein Drängen, kein Fußtritt, keine Angst, keine Nötigung dabei. So dürfen wir zum Herrn kommen.

Gott, weil er gütig ist, will mehr meine Lust und meine Freude als ich selbst. Wenn ich das erkenne und mich in meinen Wünschen so von ihm überholt sehe, dann gibt es in mir keinen Widerstand mehr, hinzugehen zu ihm und von ihm zu empfangen, was ich brauche und was er mir geben will. Zu sehen, ich soll mich ihm, weil er gütig ist, anvertrauen, mein Leben verändern und umkehren, weil er will, dass es mir besser geht, ist eine einzigartige Gelegenheit, vom Hochmut und von der Hoffart zu lassen.

Wenn es uns gelingt, das in der Seelsorge zu vermitteln, können wir erleben, wie es vorwärts geht, wie ungute Charakterzüge, Zwänge, Deformationen des Charakters Veränderung erfahren, weil der Betreffende eine Haltung einnimmt, in der sich dämonische Aktivitäten nicht länger auswirken können. In dem Fall, weil der Betreffende seine Haltungen verändert, erleben wir im Befreiungsdienst, dass es Schlag auf Schlag vorangeht.

Aber dann gibt es auch ein anderes Kontingent von Christen, die ebenfalls Hilfe brauchen, die genauso konkret leiden, denen man aber nicht so ohne weiteres helfen kann.

Vor einiger Zeit bekam ich unangemeldeten Besuch: ein hingegebener Christ, Akademiker mit Durchblick, einer der Treuesten, wenn es um geistliche Aktivitäten und geistliches Engagement ging. Aber ich hatte nicht geahnt, wie es in ihm aussah. Er litt unter ganz erheblichen Zwängen und hatte manchmal nicht einmal mehr Heilsgewissheit. Ihn plagten grundlegende Störungen, vielfältige Symptome von Angst und Depression, verbunden mit Todesgedanken. Er konnte zu diesem Zeitpunkt seiner Arbeit nicht mehr nachgehen und schien mir nah an einer Psychose zu sein.

Ich nahm mir Zeit und merkte, wieviel Unbereinigtes aus seiner Lebensgeschichte noch vorhanden war. Als wir das im einzelnen durchgegangen waren, ging es ihm etwas besser. Aber dann traten wir auf der Stelle. Ein Problem, das mir wohlbekannt war. Da war jemand, der alles zu tun und zu glauben bereit war, der aber die Güte Gottes nicht richtig erlebte.

Es entstand der Verdacht, dass alles, was er für den Herrn getan hat, soldatisch und mit großer Treue, Unabhängigkeit im oben beschriebenen Sinne war. Er war so sehr eingefangen von seinem eigenen stolzen, religiösen Bemühen, durch Leistung genügen zu wollen, dass er fast nichts von dem, was es bei Gott an Gutem gibt, wirklich erlebte. Und ich versuchte gerade, ihm in dieser Hinsicht zu helfen: „Komm, lass uns noch einmal ganz von vorn anfangen, sehen, wie man Gott erlebt und was die Voraussetzung ist für ein erfülltes Leben!" Da gestand er mir: „Ich habe Angst vor der totalen Befreiung. Wenn die Selbstmordgedanken kommen, geben sie mir eine Art Halt. Der Gedanke, einfach Schluss zu machen, ist eine letzte feststehende Größe in all den Schwankungen meines Lebens. Natürlich weiß ich, dass ich Befreiung brauche. Aber ich kann mir noch gar nicht vorstellen, wie es ist, wenn ich auf diesen letzten Ausweg verzichten soll."

An diesem Punkt beendeten wir unser Gespräch. Er hatte sich etwas Luft gemacht und war nicht mehr so hochgradig suizidgefährdet.

Noch am selben Tag kam ein Hilferuf ähnlicher Art. Er stammte von dem Mitarbeiter einer Nachbargemeinde. Jemand, der seit Jahren dem Herrn folgt, eine starke, hingegebene Persönlichkeit, eine Säule seiner Gemeinde. Auch er litt unter depressiven Stimmungen, Ängsten, Selbstmordgedanken. Und über Wochen und Monate ließ das nicht nach. Im Gegenteil, es wurde schlimmer. Ein Mann, der im Glaubensleben wirklich fortgeschritten war, ein verlässlicher Christ, bei dem es auch in der Familie stimmte. Und er erlebte solche Symptome! Ich fragte mich: Wie ist das zu verstehen?

Dieser Mann war ausgestattet mit hervorragenden natürlichen Begabungen. Und er war wirklich treu und hingegeben, kein Rebell. Er war die rechte Hand des Pastors, ohne dem Pastor das Leben schwer zu machen. Er war echt und ehrlich und obendrein jemand, der gut reden konnte, dem man gern Aufgaben übertrug, der eine Gemeinde hätte leiten können ohne sie zu verführen, kurz, ein äußerst wertvoller Mitarbeiter. Aber jetzt brach es über ihn herein wie bei Hiob.

Was war der Hintergrund? Im Verlauf seines Lebens hatte auch er sich daran gewöhnt, infolge seiner besonderen Begabung vieles in eigener Kraft zustande zu bringen. Bei dieser Strategie war jetzt ein Kipp-Punkt überschritten worden. Es war nicht etwa neue, schlimme Sünde hinzugekommen. Nein, das Ausmaß von Unabhängigkeit hatte einen Grad erreicht, wo das gesamte System nicht mehr zu halten war.

Wenn die Personen, denen man aus Zwängen, Ängsten, Nöten, vielfältigen Problemen heraushelfen will, Christen sind – womöglich Mitarbeiter einer Gemeinde, die das Wort Gottes hören und es auch bejahen – ist das führende Problem in aller Regel eine religiöse Fehlhaltung in dem Sinne, dass man dem Herrn mit eigenen Kräften dienen will. Und dieses Problem ist viel häufiger, als wir uns das vorstellen.

Selten kommt es zu solch klaren Ausprägungen der Sachverhalte und Konsequenzen wie in diesen beiden beschriebenen Fällen. Viel häufiger handelt es sich um unscheinbare, unmerkliche Regungen und Symptome, die kaum einer einzuordnen weiß oder überhaupt wahrnimmt. In jedem Fall aber ist dahinter eine Quasi-Abkehr vom Herrn in den praktischen Bereichen der Beziehung zu ihm.

Abhängig sein vom Herrn setzt voraus, ihn, seine Liebe, seine Freundlichkeit zu kennen. Dann können wir Leistungsfrömmigkeit, diese Variante von Stolz unter den Frommen, überwinden. Und ist dies geschehen, dann wird unsere Seele aufblühen. Dann geht es ihr gut, und wir können erfahren, dass es uns auch in jeder anderen Hinsicht gut geht.

4

Vielleicht könnte man jetzt denken: Schön und gut. Das Wort Gottes sagt in den Psalmen tatsächlich mehrfach, dass wir unsere Freude am Herrn haben sollen. Aber wo steht das im Neuen Testament?

In der gewissenhaften Untersuchung des Johannesevangeliums und anderer Passagen der Schrift kann man feststellen, dass Jesus sich zum Beispiel im Umgang mit Simon Petrus in einem solchen Maße bestätigend geäußert hat, dass es zunächst fast an die Grenze des Erlaubten zu gehen scheint. Man sieht dort besonders klar, wie sehr Gott uns, wie wir nun einmal sind, bejaht und vertraut.

Wie war das, als Jesus die Jünger auswählte? Erst berief er den Andreas. Andreas war von Jesus begeistert und rannte sofort zu seinem leiblichen Bruder Simon. Dann kommt Simon auf Jesus zu, und die beiden begegnen sich. Und das Erste, was Jesus sagt: „Simon, ich nenne dich ab jetzt Fels." Jesus wusste kraft geistlicher Erkenntnis, dass dieser Simon die leibhaftige Instabilität war, zwar sympathisch, aber die Unzuverlässigkeit in Person. Er wusste, wie sehr dieser labile Mann vielleicht unter sich selbst litt. Und nun, bitte versteht das Grundsätzliche, was in diesem Evangeliumsbericht enthalten ist, das Erste, was Jesus ihm sagt, bevor Simon ein evangelistisches Wort von Jesus gehört oder sich bekehrt hätte: „Ich nenne dich Fels. Für mich bist du die Stabilität in Person, und zwar so stabil, dass wir dich ab jetzt Stabilität, Fels, nennen." Und das hat Jesus dann beibehalten. Er hat ihn ab da (und über die Jahre immer wieder) bei dieser Eigenschaft genannt: „Fels, komm mal her, Fels, ordne mal die Jünger, Fels, bereite mal da ein Lager vor, Fels, geh mal dorthin und leg die Hände auf. Fels, mach dies, Fels, mach das."

Ich habe mich gewundert: „Herr, wie kannst du das machen? Wenn du von vornherein bestätigst, welchen Grund hat der andere dann, sich zu bewähren?" Im Sinne meiner alten Prägungen dachte ich so. Denn ich wusste, wie man evangelisiert: Indem man den anderen in die Pfanne haut und dann so richtig gar kocht, und auf jeden Fall mit den Mitteln von Angst, Einschüchterung, Unterdrückung, Pression agiert. Und am Schluss erlöst man ihn dann huldreich mit dem Wort Gottes.

Das ist ein Verhalten, das wir im Neuen Testament nicht finden. Jesus hat es anders gemacht. Er hat die Mitte der Person angesprochen und sie einfach bestätigt: „Du bist kostbar. Ich sehe in dir den Felsen." Später sagt er dann sogar: „Du bist so felsenhaft, dass ich auf dir meine Gemeinde begründen will." Und schätzungsweise ein oder zwei Jahre danach konnte er dann feststellen: Simon hieß nicht nur Petrus (Fels), er war auch einer. Er war einer geworden.

Am Beispiel des Umganges Jesu mit Petrus sehen wir in unüberbietbarer Deutlichkeit die Art unseres Herrn: Dem anderen Gutes erweisen, ihn bestätigen, ihn bejahen, ihn aufbauen. So geht der Herr mit uns um, und das nicht auf Kosten der Wahrheit. Nein, der Geliebte, Bestätigte, Bejahte fühlt sich so abgeholt in dem, was er ist und will, dass er nicht schnell genug hinkommen kann zu diesem Herrn, um zu lernen, was es noch für ihn zu lernen gibt. Es gibt keinen Gegensatz zwischen diesem Verständnis von liebevoller Bestätigung und ernsthafter Nachfolge.

Wir wissen, aus welchen Verhältnissen die Ratsuchenden oft kommen. Sie brauchen nicht nur eine Lehre über Liebe, sie brauchen es, Liebe zu erfahren.

Und wir können ihnen diese Liebe nicht geben, wenn wir im Geheimen selbst bei ihnen Liebe suchen. Also müssen wir zuvor aufgesättigt sein. Dann können wir Liebe geben.

Darf ich noch mein Lieblingsbeispiel zum Thema Bestätigung, erzählen? Ich habe es vor Jahren mit einem meiner Kinder erlebt. Wir machten in einer Ferienwohnung in Süddeutschland Urlaub und wollten eines Tages in eine nahe Stadt fahren. Das Kind hatte seinen schwierigen Tag. Schon um neun Uhr morgens waren wir im Umgang mit ihm mit unseren Möglichkeiten am Ende. Das Kind war störrisch, unleidlich, stöhnte, jammerte, schrie, bockte – alles gleichzeitig. Nachdem wir getan hatten, was man da so zu tun pflegt, und alles nichts geholfen hatte, sagte ich mir: Jetzt müssen wir etwas anderes machen. Ich wollte das Kind bejahen und bestätigen, es sollte erfahren, dass ich es so, wie es war, lieb hatte. Ich wollte trotz seiner unmöglichen Verhaltensweisen das Gute würdigen. Aber wo anfangen?

Ich schrie zum Herrn und bekam eine Idee. Das Kind war gerade dabei, sich anzuziehen. Ich nahm die Gelegenheit wahr und kommentierte: „Ich habe beobachtet, mit welcher Geschicklichkeit du eben den Anorak vom Haken herunterbekommen hast! Wie ein Erwachsener. Ich bin begeistert.“ Das Kind schaute mich an und wusste nicht, was es von mir halten sollte. Dies war trotzdem kein schlechter Einstieg. Das Kind schien ein bisschen gebremst in seinem mörderisch destruktiven Verhalten. Danach waren die Schuhe zuzubinden, die nächste Chance, ihm Bejahung zu vermitteln: „Wie du in deinen jungen Jahren schon die Schnürsenkel zu einer Schleife zusammengebunden hast, das ist wirklich stark. Ich bin echt beeindruckt. Weiter so.“ Und so gab es noch mehr, was ich mit bestätigenden Kommentaren begleiten konnte. Unterdessen wurde das Kind ruhiger und friedlicher und wich schließlich gar nicht mehr von meiner Seite.

Wir sehen hier, was Bestätigung vermag, wenn sie von Herzen kommt – und sie war von Herzen. Ich kenne mein Kind, und ich kenne mein Herz. Mein Motiv war Liebe, das ist etwas anderes als Schmeichelei. Schmeichelei setzt man ein, um andere zu kassieren. Davon rede ich nicht.

Es ist ein weitverbreiteter Brauch, in der Seelsorge vornehmlich auf die Sünden des Ratsuchenden hinzuweisen. Aber wir sollten umdenken. Die Liebe deckt zu. Und dann geschieht etwas Ungeheuerliches. Der Betreffende, der sich geliebt weiß, deckt selbst seine Sünde auf. Er kann das, weil er erstmalig keine Angst davor hat. Er kann es sich erlauben, weil er weiß, jetzt kommt nicht der Hammer, der ihn fertigmacht. Nein, jetzt kommt die liebevolle Hand des Herrn.

Die schwierigsten Situationen in der Seelsorge und im Befreiungsdienst kommen durch Menschen auf uns zu, die „fromm“ reagieren, die mit den Mitteln der Frömmigkeit Pluspunkte vor Gott und Menschen zu erringen versuchen. Mit diesen Menschen umzugehen ist mitunter eine Tortur. Man kann ihnen nur helfen durch die Zusicherung von Gottes Güte, der unser tiefes Verlangen nach Annahme und Liebe in seiner Annahme und Liebe für uns noch übertrifft. Nur über diesen Einstieg können wir den Ratsuchenden wirkliche Hilfe bieten und auch im Befreiungsdienst Erfolge sehen.

Vielleicht erschien das Bisherige für den einen oder anderen Leser als der pure Hedonismus. Nein, diese Theologie ist eine Theologie der Güte Gottes, welche besagt, dass wir, indem wir Gott als gütig, als nah, als freundlich erleben, von Herzen demütig werden können. Er selbst will uns demütig und sanftmütig machen und uns Frieden geben. Möglich wird das durch die stetige Gemeinschaft mit dem Heiligen Geist. Nicht mit dem Funktionsträger Heiliger Geist, der aus Kraft und Geistesgaben besteht, sondern mit der Person, die er ist. Über ihn haben wir Gemeinschaft mit Jesus und dem Vater.

Er ist es, der die Worte und den Charakter Gottes in unser Herz transportiert.

Erscheinungsweisen des Dämonischen, „Eintrittspforten“ und Befreiung

1

Für das Thema Befreiung, dem ich mich jetzt zuwende, habe ich keine flächendeckende Abhandlung im Sinn und verweise für Genaueres an Thesen und theologischen Ableitungen auf mein Buch (W. Margies, Befreiung, Berlin 1986).

Ich will mich als Erstes der Frage zuwenden, wie häufig das Dämonische eigentlich auftritt. In der Seelsorgeliteratur sieht man da eine Entwicklung. Noch vor 30, 40 Jahren war zu lesen: Es gibt auf der einen Seite körperliche Krankheiten, auf der anderen seelische Störungen. Und es gibt auch dämonische Besetzungen. Letztere sind eher selten. Vielleicht wird ein Seelsorger in seinem Leben ein oder zwei Fälle zu Gesicht bekommen. – Dies ist jetzt fast ein wörtliches Zitat aus einem sehr bekannten Buch und war in früheren Jahrzehnten die durchgängige Anschauung.

Im Verlauf der letzten Jahrzehnte hat sich die Sichtweise dramatisch verändert. Immer mehr Seelsorger aus immer mehr Lagern kommen zu der Auffassung, dass diese früheren Annahmen nicht zu halten sind. Immer mehr der Verantwortlichen erkennen: Das Okkulte muss viel häufiger sein. – Im Verlauf der letzten Jahre hat sich diese Entwicklung noch beschleunigt, so dass man in der Beurteilung der Häufigkeit des Dämonischen gegenüber der ersten Hälfte des letzten Jahrhunderts fast von einem Erdrutsch sprechen kann. Vielen ist klar geworden, dass die alten Einteilungen unzulänglich sind, dass demgegenüber das Dämonische allgegenwärtig ist. Und zu dieser Sicht neige ich auch. Es gibt kaum Menschen, die nicht in ihrem Wesen, ihrer Erscheinungweise, ihren Krankheiten, ihren Zwängen, ihren Bindungen davon betroffen sind. Ich spreche dabei nur von seelischen und körperlichen Arealen, nicht von der Mitte unserer Person, von unserem Geist. Wenn der befallen ist, dann sind Kindschaft Gottes und Gerechtigkeit beendet. Das meine ich nicht.

Welches sind nun die grundsätzlichen Erscheinungsmodalitäten, die das Dämonische an sich hat? Es sind Zwanghaftigkeit, Chronizität, Unfähigkeit zur Selbstheilung und spezifische unreine, antigöttliche Gedanken und Ausrichtungen. Ich meine, dass man sagen darf: Wenn eins dieser Merkmale vorliegt und erst recht, wenn es mehrere sind, ist der Verdacht gegeben, dass hier eine dämonische Präsenz vorhanden ist.

Unsere nächste Frage lautet: Wie kommt das Dämonische in einen Menschen hinein? Die Antwort ist einfach: Durch Einladung. Unsere Zustimmung zur Kooperation mit ihnen ist der einzige Weg, auf dem Dämonen Zugang zu uns finden können. Der Böse kann den, der aus Gott geboren ist, von sich aus nicht antasten (vgl. 1 Joh 5,18), geschweige denn überfallen und eine Invasion in die Mitte unserer Person hinein starten. Und doch ist das Dämonische fraglos überall präsent.

Wie ist das zu verstehen? Die Einladung ist in aller Regel keine direkt verbale, etwa so: „Teufel, ich lade dich ein, in mich hineinzukommen.“ Das ist die ganz große Ausnahme. Die Einladung erfolgt eher über bestimmte Verhaltensweisen und Sünden, durch die man dem Feind unausgesprochen Zutritt gewährt. Mit dieser Feststellung ist auch schon das Entscheidende über die Therapie gesagt. Wenn der Feind durch eine Willensentscheidung Zutritt zu unserem inneren Menschen bekommt, dann kann er nur durch ein Rückgängigmachen dieser Willensentscheidung wieder ausgeladen werden.

Praktisch bedeutet das: Buße. Damit ist gesagt, es gibt keinen Sonderweg für die Befreiung vom Dämonischen im Sinne eines Abkürzungsverfahrens. Ohne Buße keine Befreiung.

Für den, der mir bis hierher zustimmt, bleibt die Frage: *Wovon* abwenden, von welchen verborgenen Haltungen, Einstellungen und Willensentscheidungen? Denn wenn wir wissen, welche Anrechte der Feind braucht, um in uns hineinzukommen, dann können wir aus dieser Kenntnis heraus diese Anrechte beseitigen um ihn danach mit einem kurzen Befehl auszuweisen.

Wir vollziehen also im Befreiungsdienst einen bestimmten Anmarschweg, verhakeln uns dann aber nicht wochen-, monate- und jahrelang im stetigen Kampf gegen das Dämonische. Das ist nicht nötig. Der Feind ist durch das Kreuzesopfer Jesu bereits besiegt, und uns ist zugesagt, dass uns alle Macht über alle Gewalt des Feindes gegeben ist. Wenn die Betroffenen sehen, durch welche verkehrten Entscheidungen sie dem Feind Einlass gegeben haben, dann müssen die dämonischen Mächte gehen, sobald die verkehrte Entscheidung revidiert worden ist.

Ich denke an eine Frau, die in wenigen Minuten frei wurde, nachdem ich zuvor in stundenlangen Sitzungen versucht hatte, mit ihr zusammen ihrem Problem auf den Grund zu kommen. Eines Tages war sie besonders kaputt und fertig. Da dachte ich mir: Das ist meine Stunde. Und so habe ich ihr mit aller Liebe innerhalb von 8 bis 10 Minuten ohne Schonung die Wahrheiten auf den Kopf zugesagt, von denen ich annahm, dass sie für sie zutrafen. Danach bat ich sie, sich im Gebet davon zu trennen. Das hat eine Minute gedauert oder eineinhalb. Und dann konnte ich im Namen Jesu den Geistern, die hinter ihrem Problem steckten, befehlen: „Jetzt müsst ihr gehen." Und sie sind alle gegangen, fünfzehn bis zwanzig hintereinander. Und die Frau war frei. Preis dem Herrn!

Es ist also normal, dass es Zeit kostet, die Hilfesuchenden zu dem Punkt der Erkenntnis zu führen, dass sie sehen, was vorliegt und von welchen Mächten sie sich zu trennen haben. Liegt das dann klar auf der Hand, dann binde ich diese Kräfte im Namen Jesu und befehle ihnen in einem kurzen Befehl zu weichen. Und dann gehen sie. Denn wenn die Umkehr vollzogen wurde, dann möchten sie auch gar nicht bleiben.

Die nächste Frage ist, wie sich das Dämonische manifestiert.

Ich glaube, dass alle Zwänge im engeren Sinne, alle anankastischen Phänomene, eine direkte Auswirkung der Präsenz dämonischer Mächte sind. Vermeidungszwänge, Wiederholungszwänge, Kontrollzwänge, Reinigungszwänge, Waschzwänge, Hypochondrien, auch alle anderen Formen von Zwängen und Regungen, die Zwanghaftes an sich haben, auch im Bereich des

Sexuellen, der Perversion und so weiter, all das halte ich geradewegs für dämonisch bedingt. Nach Jahren des Umgangs mit dieser Thematik kann ich nicht mehr anders. Ich habe den Eindruck, dass ich auch nicht sagen kann: In einigen Fällen spielt das Dämonische hier eine Rolle, in anderen nicht. Das glaube ich nicht.

Ähnliches trifft zu für ganz grobe charakterliche Auffälligkeiten, Zügellosigkeit, Größenwahnsinn, Hochstapelei, ausschweifendes Leben, das, was die Amerikaner *moral insanity* nennen, also die Unfähigkeit, in Begriffen und Kategorien normaler Sittlichkeit zu denken und zu reagieren. Gemeint sind Menschen, die im Umgang mit Werten und Maßstäben völlig anders geartet sind als normale.

Die dritte Kategorie sind Ängste. Ich glaube, dass alle chronischen, mit einer gewisssen Zwanghaftigkeit ausgestatteten Ängste ebenfalls dazugehören.

Demgegenüber gibt es auch Formen von Angst, die man nicht für dämonisch halten sollte. Angst schlechthin ist zwar sicher ein Geist. Es besteht aber ein Unterschied zwischen einem eigenen angstvollen Reagieren der Person, quasi ein Hereinfallen auf ein Angstangebot dämonischer Kräfte, und einer Angst in dem Sinne, dass die fremde Macht selbst in uns wohnt.

Weiterhin möchte ich Süchte nennen als Auswirkungen dämonischer Mächte. Auch Psychosen halte ich für Krankheiten mit einer eindeutig dämonischen Wurzel. Früher habe ich mich vor den Psychosen innerlich verbeugt. Und gesagt (stillschweigend): „Das ist eine Herausforderung von gewaltiger Art, und wir brauchen zuerst eine geistliche Erweckung, um damit fertig zu werden." Heute denke ich viel gelassener darüber. Psychosen sind gar nicht so schwer zu heilen, wenn der Betreffende mitmacht. Ich würde Psychosen keinen Sonderstatus an Krankheitstiefe und -bedrohung zuerkennen in dem Sinne, dass ich vor ihnen Respekt hätte und sagen müsste: „Hier gelten andere Regeln." Dazu habe ich keinen Anlass. Ist beim Patienten Willigkeit da, kann man Psychosen durch die Kraft des Herrn besiegen.

Neigung zum Okkulten ist ein anderer Hinweis auf das Vorhandensein dämonischer Mächte. Dasselbe gilt für bestimmte geistliche Behinderungen: Die Unfähigkeit zu beten, das Wort „Jesus" oder „Gott" in den Mund zu nehmen, Bibel zu lesen wie zum Beispiel der bekannte „Bibelschlaf". Jemand öffnet das Wort Gottes, und innerhalb von Sekunden ist er eingeschlafen. Wenn das in dieser krassen Weise vorkommt, dann sollte man schon an Dämonen denken.

Derartige Dinge sind gemeint. Es gibt viele davon, die ich gar nicht alle aufzählen will.

Dann gibt es eine Reihe von Krankheiten, von denen ich glaube, dass hinter ihnen dämonische Ursachen stecken, während andere Krankheiten damit nichts zu tun haben. Da sollten wir differenzieren. Ich glaube zum Beispiel, dass alles, was in den großen Topf der entzündlichen rheumatischen Erkrankungen gehört, einen dämonischen Ursprung hat. Ich rede nicht von Abnutzung der Gelenke. Ich rede von rheumatischen, entzündlichen Erkrankungen im Bereich der Gelenke, der Weichteile oder der Haut. Dahinter stecken Phänomene der Autoaggression, da wendet sich Gewebe gegen Gewebe. Und allein schon von dieser pathophysiologischen Entstehungssweise her liegt es nahe, dass dämonische Kräfte am Werk sind.

Ich glaube, dass bösartige Tumoren diesen Ursprung haben. Ich glaube, dass etwa Asthma ausschließlich durch dämonische Aktivitäten bedingt ist. Und auch andere bestimmte, wenn nicht gar alle Formen von allergischen, chronischen Haut-Erkrankungen.

Zum Schluß seien jene mehr oder weniger selbstverständlichen Charakterschwächen genannt, unter denen Menschen wie du und ich leiden, irgendwie harmlos erscheinende Abweichungen vom Normalen ohne klinische Ausprägung oder Deutlichkeit. Auch diese als Manifestationen des Dämonischen zu deuten, ist für den einen oder anderen vielleicht Neuland. Ich will einige aufzählen, damit ein Eindruck entsteht, wie weitgehend das Dämonische sein kann: Chronische Minderwertigkeitsgefühle, die Sorge, abgelehnt zu werden oder ein Ablehnen anderer mit Zwanghaftigkeit können ein Ausdruck von dämonischer Bindung sein. Der Zwang, sich zu isolieren, das Gefühl verlassen zu sein, wenn es immer wieder auftritt, womöglich ein Leben lang, Unsicherheiten, Instabilität. Ungeborgenheit, Misstrauen, Versagerbewusstsein, Hass, Aggressionsverhalten, wenn es immer wieder vorkommt, sind dringend verdächtig, dass eine dämonische Komponente eine Rolle spielt. Allgemeine Lebensuntauglichkeit, sich so schwach zu fühlen, dass man einfach den Anforderungen des Lebens nicht gerecht wird, ist hochgradig verdächtig. Unfähigkeit, Liebe zu empfangen und Liebe zu geben, Gefühlslosigkeit, Pedanterie sind ebenfalls ein Hinweis. Leistungsverweigerung wie Leistungsexzesse müssen uns daran denken lassen. Gesteigerter Intellektualismus, Bitterkeit, Passivität, Starrheit, selbst abnorme Sanftmut sind hochgradig verdächtg, dass etwas Fremdes dahinter schlummert.

Fluchtgedanken, querulatorische Charaktereigenschaften, Herrschaftsgelüste, Tagträumereien, Selbstmitleid, Selbstgerechtigkeit, Moralisieren, Pharisäerhaftigkeit, eine Haltung von Ironie, Zynismus, Verachtung und so weiter.

Ich rede gar nicht erst von jenen seltenen, groben, spektakulären Fällen dämonischer Besetzung, die vielleicht in die Literatur eingegangen sind, das soll hier kein Thema sein. Ich rede von dem allgegenwärtig Dämonischen, das man dennoch immer unter den alten, bestimmten, konkreten Regeln antriff: Es muss eingeladen werden. Anders kann es nicht kommen. Es kann uns nicht einfach überfallen.

Wenn wir die grundlegenden biblischen Aussagen kennen, dann wissen wir: Wir müssen keine Angst haben, dass uns, während wir nichtsahnend über eine Wiese spazieren, ein dämonischer Anflug überfallen könnte, einfach nur, weil der Dämon entschieden hat: „Jetzt will ich diesen Menschen heimsuchen." Das geht nicht. Wir sind im Herrn geborgen, wir sind eine abweisende Burg. Es wird kein Dämon auch nur das Verlangen haben, zu uns zu kommen und heiligen Boden zu betreten; es sei denn, man hat ihm die Tür geöffnet.

Und so hoffe ich, dass meine Aufzählungen nicht Angst und Panik hervorrufen. Aber wer feststellt, einiges davon habe ich ja auch an mir, der ist eingeladen, meinen weiteren Ausführungen aufmerksam zu folgen.

2

Die Eintrittspforten für das Dämonische, die in der klassischen Seelsorgeliteratur hauptsächlich genannt sind, finden sich unter den Stichworten Okkultschuld, Tatsünden, Familienvorgeschichte, Flüche und Nichtvergeben.

a) Okkultschuld und Okkultpraktiken: Dazu gehören alle magischen, abergläubischen oder dämonisch-heidnischen Praktiken, Riten und Philosophien. Ebenso gehört dazu der Umgang mit Drogen. Wenn auch die Droge eigentlich nur Chemie ist, so scheint der Griff nach ihr ein Okkultphänomen zu sein. Die okkulte Bindung, die durch Drogenkonsum entsteht, geht jedenfalls über das hinaus, was als Stoffwechselwirkung interpretiert werden kann.

Wenn in meinen Beratungen Okkultschuld die Ursache für dämonische Belastungen war, habe ich nie viel Schwierigkeiten gehabt. Menschen, die darin verstrickt sind, können in aller Regel mit Leichtigkeit nennen, wovon es sich zu trennen gilt. Und sie wollen das auch. Sie wollen damit nichts mehr zu tun haben. Wenn es nur um Okkultschuld ginge, wäre das Thema Befreiung nicht problematisch.

Aber es ist problematisch. Viele im Befreiungsdienst tätige Christen stellen mit Erstaunen und Verzweiflung fest, dass die Fälle, bei denen tatsächlich eine Befreiung erfolgt, eher rar sind, und zwar auch dann, wenn den Betroffenen eine lange Liste vorgelegt wurde über all das, wovon sie sich lossagen sollen.

Blieb die Befreiungserfahrung aus, dann hat man in der Vergangenheit nicht selten versucht, diese Liste zu erweitern bis hin zu ganzen Abhandlungen, ganzen Monographien über mögliche Einfallstore für das Dämonische. Aber auch dann wurden nur wenige der Belasteten frei.

Der Fehler lag darin, *jede* Belastung aus der Beschäftigung mit Okkultem zu erklären. Die meisten dämonischen Besetzungen haben ganz andere Ursachen. Dennoch: Okkultpraxis ist *eine* der Eintrittspforten.

b) Tatsünden: Besonders solche Sünden, die biblisch näher gekennzeichnet sind als Greuelsünden, erzeugen bei dem, der sie begeht, nicht nur eine moralische Schuld, sondern obendrein ein Behaftetsein mit dämonischen Kräften. Tatsünden kann man ganz grob so kennzeichnen: Sie stimmen weitgehend überein mit Verstößen gegen das bürgerliche oder das Strafgesetzbuch unseres Landes und haben es an sich, dass man nicht nur eine Sünde auf sich lädt, indem man sie begeht, sondern obendrein dämonische Kräfte auf sich zieht. Auch dieser Punkt wird zunehmend weniger strittig.

c) Familienvorgeschichte: Zunächst ein Hinweis zur Warnung. Wenn man in einem Befreiungsteam mitarbeitet, dauert es oft nicht lange, bis man als Gruppe besondere Einsichten, Kenntnisse und Fähigkeiten entwickelt, nicht selten von fragwürdiger Qualität. Zu solchen Einseitigkeiten gehören meiner Erfahrung nach besonders Thesen über die Familienvorgeschichte und Thesen über Flüche. Die Annahme lautet dann: Man muss die ursächlichen Faktoren für dämonische Belastung in der Familienvorgeschichte des Betroffenen suchen, um die direkte Linie von den Sünden der Vorväter und dem Symptom des Ratsuchenden zu durchschneiden. – Das klingt eigentlich ganz gut. Aber die Sache hat einen Haken. Denn dieses Vorgehen kann der Anfang einer wochen-, monate- und jahrelangen Seelsorgebeziehung werden, wo dann der Heilige Geist und die Geistesgaben bemüht werden, um immer genauer noch irgendwelche Dinge aus der Vergangenheit aufzudecken. Und am Ende ist nichts dabei herausgekommen und niemandem geholfen.

Was liegt hier vor? Der Betroffene, der Vertreter der letzten Generation in der Famillienvorgeschichte hat doch in aller Regel seinen Vater und seine Mutter selbst erlebt und erlitten. Und darauf hat er innerlich reagiert, hat gekontert, hat nicht vergeben, war wütend, war beeindruckt, war verwundet, war malträtiert worden und kam zu einer eigenen abweisenden, negativen Reaktion. Und dieses Reagieren auf das, was er erlitten hat durch Vater, Mutter, Großmutter, Großvater, das macht ihn krank, nicht der Großvater, die Großmutter, der Vater, die Mutter, nein, allein seine Reaktion auf das erlittene Leid. Wenn nicht hier seelsorgerlich angesetzt wird, wenn die eigenen eingefleischten Reaktionsmuster nicht unter die Lupe genommen werden, dann wird es keine Befreiung geben. Wer das nicht sieht, verhakt sich nur in einer nicht enden wollenden Auseinandersetzung mit der Vorgeschichte.

Kurz: Die Familienvorgeschichte als Eintrittspforte für das Dämonische anzusehen hat Sinn unter diesen Vorbehalten. Dasselbe trifft für Flüche zu.

d) Flüche: Flüche sind etwas geistlich Reales, Flüche gibt es. Flüche werden von Menschen ausgesprochen. Und ich glaube auch, dass in der Familienvorgeschichte belasteter Menschen nicht selten Füche eine Rolle spielen. Aber hier gilt das Gleiche wie oben. Es bringt in aller Regel keinen irgendwie gearteten therapeutischen Fortschritt, wenn man – mit Gaben des Geistes oder ohne sie – irgendwelche Flüche der dritten oder vierten oder gar achten oder zehnten zurückliegenden Generation kunstvoll löst und durchschneidet. Das ist vergebliche Liebesmüh. Dahinter steckt ein Verkennen der wahren geistlichen Faktoren. Wer das nicht durchschaut, steht in Gefahr, sich in immer kompliziertere Taktiken, Entdeckungen, Fähigkeiten, Kenntnissen zu verrennen, und immer komplizierter zu reagieren. Ein solcher Befreiungsdienst wird dann entsprechend langwierig. Und je länger er dauert, umso schlimmer wird es für die Betroffenen.

Ich warne deshalb so ausdrücklich, weil ich in früheren Jahren viel Gelegenheit hatte, Dienste dieser Art und mit diesem Hintergrund zu erleben. Und weil das so verhehrend ist und sicherlich eine Taktik des Feindes, etwas so Kostbares wie den Befreiungsdienst durch Verkennen von Zusammenhängen zu verunglimpfen und erfolglos zu machen. Ich schlage deshalb vor, dass wir im Umgang mit Flüchen und mit negativer Familienvorgeschichte sehr kurz sind oder uns gar nicht darauf einlassen.

e) Nichtvergeben: Es ist unter den Seelsorgern sehr früh klar gewesen, dass zu vergeben eine wesentliche Voraussetzung zur Heilung und zur Befreiung ist. Wir kennen das Gleichnis Jesu vom Schalksknecht (Mt 18, 21-35). Er, dem Begnadigung zuteil wurde und der anschließend andern keine Gnade gegeben hat, wurde in ein Gefängnis geworfen und den Folterknechten übergeben, bis er seine Schuld auf Heller und Pfennig abbezahlt hatte. Und dann sagt der Herr am Schluss: „Also wird euer himmlischer Vater euch auch tun, wenn ihr nicht von Herzen vergebt, ein jeder seinem Bruder."

Das ist ein biblischer Beleg dafür, dass uns Folterknechte peinigen dürfen, wenn wir außerhalb der Gnade stehen. Unter den Praktikern ist das mittlerweile keine Neuigkeit mehr. Und auch ich sehe Vergebung als eine Voraussetzung an, um Menschen, die gebunden sind, zur Befreiung zu bringen.

Dabei habe ich einiges an guten Erfahrungen machen können, allerdings auch die Grenzen der Befreiung durch das Aussprechen von Vergebung, wie ich es anfangs praktizierte, entdecken müssen. Es bedurfte wirklich Jahre des Arbeitens am Thema, viel Gebet und Flehen und Fasten und manches mehr, um Einblick über das Ausmaß zu bekommen, das der Herr im Umgang mit der Gnade sehen will. Vergeben ist Gewähren von Gnade.

Im Laufe der Zeit wurde mir vor allem deutlich, dass wir nicht nur bestimmte, punktuelle Verwundungen oder traumatische Erfahrungen aus der Vergessenheit hochholen müssen, um dort Gnade zu geben. Ich sah, wie weit zurück in die Kindheit die Verletzungen gehen, wie sehr die Schäden gerade dort angesiedelt sind und dass sie zu tun haben mit dem Verhalten der Eltern. Es war mir klar, wie nötig es ist, den Eltern manche schlimmen Handlungen und manche bösen Verletzungen zu vergeben. Aber auch das reichte noch nicht aus. Es geht nicht nur um bestimmte Handlungen, sondern um ganze Haltungen, die die Eltern uns gegenüber an sich hatten, und – das kam dann noch später als wichtige Erkenntnis hinzu – auch um die Abwesenheit bestimmter Haltungen und Einstellungen.

Ich begann schließlich, in der Seelsorge nicht mehr nur Ausschau zu halten nach Ereignissen aus der Vergangenheit, die nicht vergeben worden waren, sondern darüber hinaus nach ganzen Haltungen der Eltern. Und davon will ich jetzt reden:

Inwiefern können Eltern auf Grund ihrer Versäumnisse, ihrer Fehler und Unzulänglichkeiten Verursachung sein von dämonischen Besetzungen bei ihren Kindern?

3

Im Kindesalter sind wir nicht imstande, uns selbst zu schützen, zu erziehen, unseren Lebensweg zu gestalten. Etwa bis zu unserem religionsmündigen Alter, das liegt bei 14 Jahren, sind wir mit unseren Eltern eine geistig-seelische Einheit.

Die Eltern haben von Gott her einen Liebes- und Erziehungsauftrag bekommen, der ihnen normalerweise leicht fallen sollte. Denn mit der Tatsache, dass Kinder da sind, ist im Regelfall den Eltern auch die Liebe zu diesen Kindern gegeben. Selbst Menschen, die sich nicht von Gott her orientieren, erleben, wenn sie nicht zu sehr fehlgeprägt sind, anstrengungslos spontane Liebe, Zuwendung, Hinwendung zu ihren Kindern. Dafür hat Gott gesorgt. Auch in einer gefallenen Welt bekommen die schutzbedürftigen Kinder all das an Werten, an Liebe, an Zuwendung, an Hilfe, an Grenzen und was sie brauchen, um sich gut entfalten zu können. Denn normalerweise reichen bereits die biologischen Bande aus, dass man gar nicht anders kann, als seine Kinder zu lieben.

Falls aber diese an sich normalen Voraussetzungen dennoch im Einzelfall nicht vorhanden oder zerstört sind, wird dieser Schutz, diese geistige Haut, das, was die Kinder gegen Angriffe von draußen und auch vor der dämonischen Welt abschirmen kann, durchlöchert.

In einer solcherart lädierten Etern-Kind-Beziehung entsteht ein zweifacher Schaden. Der eine liegt auf der menschlich-psychologischen Ebene, wie jeder ihn nachempfinden kann. So wird zum Beispiel jedes Kind – ohne Ausnahme *jedes* – das in einem Elternhaus aufwächst, in dem die Eltern im Streit leben und womöglich noch den Streit vor den Kindern ausleben, auf diese gegebene Situation mit Angst reagieren, mit Gefühlen von Ungeborgenheit, Panik, Unsicherheit. Das ist direkt abzuleiten. Ist kein Schutz vorhanden, fühlt sich das Kind schutzlos. Und dann ist Angst die normale Reaktion. Denn Angst ist die Wahrnehmung einer Bedrohung, die größer ist als der Schutz.

Aber dies ist nur ein Teil des Problems, nur der sichtbare Anteil. Wenn man nur ihn therapieren will, bleibt ein anderer Anteil übrig. Denn die Vernachlässigung durch die Eltern in dem Sinne, dass sie dem Kind den notwendigen Schutz und die notwendige Geborgenheit vorenthalten, ist Schuld. Und sie bedeutet, dass das Kind in seiner Persönlichkeit nicht nur für die für jedermann nachempfindbaren seelischen Störungen empfänglich wird. Darüber hinaus bekommt auch die dämonische Welt eine Einladung, dazuzustoßen.

Die dämonischen Mächte, die jetzt hinzukommen, sind von derselben Art wie das, was man bereits auf der psychologischen Ebene antrifft. Hinzu kommen jedoch zwanghaft wirkende Kräfte, die das Problem chronifizieren.

Natürlich weiß die säkulare Psychotherapie in der Regel nichts von dieser dämonischen Komponente. Wie sollte sie auch! Aber sie kennt die Phänomene. Sigmund Freud zum Beispiel hat sich gefragt: „Wieso ist es möglich, dass ein Mensch, der mit zwei oder fünf Jahren etwas erlitten hat, mit dreißig oder fünfzig davor immer noch dieselben Ängste spürt? Die Chronizität muss verstanden und gedeutet werden." Und er hat versucht, eine komplizierte, stellenweise hochinteressante Erklärung zu geben. Wenn man sich allerdings mit seinem Gedankengut zu sehr vertraut macht, dann kann das auch zum Gefängnis werden. Ein bekannter Kabarettist hat einmal formuliert: „Psychotherapie ist jene Krankheit, für deren Heilung sie sich hält."

Das Bemühen Sigmund Freuds ist eigentlich bewundernswert. Und manche Einzelphänomene hat er hervorragend gedeutet. Aber seine Prämissen stimmten nicht. Und so stimmt das ganze Gebäude nicht.

Nicht nur Freud, sondern auch viele andere haben gespürt: Wir müssen die Tatsache verstehen, dass die in der Kindheit entstandenen Phänomene, etwa Angst, ein Leben lang bleiben, nicht altern und immer wieder auftreten können. Und weil diese Therapeuten von der Existenz des Okkulten nichts wissen oder es belächeln, mussten sie andere Deutungsmechanismen heranziehen. In der neueren Zeit gibt es solche Deutungsversuche übrigens kaum mehr. Die hat man den alten Spezialisten überlassen.

Kurzum, man merkt, dass auch nach der Bekehrung eines erwachsenen Menschen uralte Verletzungen da sind, obwohl er „ein Neuer" geworden ist, obwohl er „die Gerechtigkeit Gottes" geworden ist, obwohl „das Alte vergangen" ist. Daraus ist zu schließen, dass es jetzt an der Zeit ist, herauszufinden, an welchen Stellen seiner Lebensgeschichte er durch die Bezugs- und Erziehungspersonen (in aller Regel sind das die Eltern) solch schwerwiegende, grundsätzliche Defizite erlitten hat, um sie nun vergeben zu können.

Es reicht nicht, das nur allgemein zu tun: Herr, ich vergebe allen alles, sondern Vergebung soll spezifisch sein, soll bis in die letzten Feinheiten auch solcher Haltungen der Eltern hineinreichen, die besonders schwer zu erkennen sind und, wie gesagt, auch solcher, die negativ definiert sind und in der Abwesenheit von Positivem bestehen.

Gemeint ist vor allem die Abwesenheit von zärtlicher Zuwendung, von körperlich erklärter Liebe, schmusen, drücken, küssen, spielen, streicheln, liebkosen, auf den Schoß nehmen, Spaß haben. All das ist eine absolute Notwendigkeit für die Entwicklung seelischer Gesundheit. Kinder brauchen mehr, als nur versorgt zu werden.

Versorgt werden könnten sie von jedem. Auch der Staat kann versorgen. Aber er liebt und küsst nicht. Er gibt nur die äußeren Dinge, das Dach über dem Kopf, das Essen und die Kleidung. Das kann er sehr wohl, besser als manche Eltern. Aber das ist nicht Liebe. Das Kind braucht Liebe.

Die kindliche Psyche versteht und reagiert sehr genau. Sie weiß, was Liebe ist und was nicht. Wenn zum Beispiel der Vater ununterbrochen weg ist von zu Hause, weil er so furchtbar viel zu tun hat, weil sein Beruf ihn so fordert und auffrisst, weil es so schwer ist, Geld zu verdienen und weil die Konkurrenz so groß ist, wenn er also am Tag zwölf Stunden arbeitet, dann würden alle Erwachsenen sagen: „Das ist der Zwang der Situation. Es liegt kein Motiv beim Vater vor, sich dem Kind zu entziehen. Der Vater ist unschuldig." So sagt die Umgebung, sagen die Eltern, sagt der Papa selbst, sagt die Gesellschaft. Aber die Psyche des Kindes sagt etwas anderes. Die folgert messerscharf: „Mein Vater hat eine Entscheidung getroffen. Sein Beruf ist ihm wichtiger als ich. Also bin ich weniger wichtig, also unwichtig, also abgelehnt." – Die kindliche Psyche ist nicht zu betrügen.

Ich klage euch an!
der schweren Ver-
nachlässigung,
der Manipulation,
der seelischen
Vergewaltigung
des emotionalen
Mißbrauchs,
der sexuellen
Grenzüber-
schreitung,
der Dominanz
der Er-
pressung.
des mora-
lischen Drucks,
des Unglücks
meines Lebens!

Das geht nicht hellwach vor sich in den Kategorien von abstrakten Beurteilungen und entsprechendem verbalem Ausdruck. Das nicht. Das Kind registriert die Ablehnung irgendwo in seiner emotionalen Tiefe. Aber es reagiert und bewertet richtig. Es lässt sich nicht bluffen.

Ein Kind, das seine Eltern so erlebt, ohne Zärtlichkeiten, ohne Zuwendung, wird schwerstens deformiert. Und so geht es einem großen Teil aller Kinder. Wenn ein solcher Vater dann eines Tages doch noch auf den Gedanken kommt, das Kind einmal zu umarmen, dann stellt sich das Kind dagegen und ist nicht mehr imstande, Liebe anzunehmen. Als Erwachsener ebenfalls nicht. Der Zwang ist drin. Er wird durch die Bekehrung und alle nachfolgenden Erfahrungen nicht automatisch aufgehoben.

Die Heilung erfolgt, wenn in dem Moment, in dem uns bewusst wird, dass wir malträtiert worden sind, dass uns Liebe vorenthalten wurde, dass wir das Wichtigste nicht bekommen haben, und welch gemeiner Anschlag das war, Anklage und Verurteilung an Gott aus der Hand lassen und zu sagen wagen: „Und dennoch, Herr, vergebe ich."

Eine Person mag völlig intakt erscheinen und es tatsächlich auch weitgehend sein, aber in bestimmten Bereichen, zum Beispiel beim Thema Liebesfähigkeit, ist nichts zu holen bei ihr. Jenseits davon führt sie vielleicht ein tadelloses Leben, die Gesamtperson ist gegründet im Wort Gottes. Aber dennoch, an bestimmten Stellen ist ein unübersehbarer Schaden da. Und der kann nur behoben werden, indem man sich, wenn alte Erinnerungen hochkommen, entschließt: „Ich will demjenigen vergeben, der diesen Schaden ursächlich in mein Leben hineingetragen hat.“ Der Umgang mit Gnade ist somit für Heilung und Befreiung das wichtigste Prinzip.

Mit diesen Feststellungen bewege ich mich nicht auf irgendwelchen speziellen Ebenen komplizierter Lehrmeinungen. Es ist eine ganz einfache biblische Grundwahrheit, um die es geht, dass es von höchster Wichtigkeit ist zu vergeben, nicht mechanisch, sondern von Herzen, in Anwendung von Gnade.

In meinen Therapien gab diese Entdeckung einen Ruck nach vorn in der Heilungsquote. Ich sah viel mehr an echten Heilungen und Befreiungen als vorher. Aber die Hälfte nicht erfolgter Heilung ist immer noch viel. Und so blieb die Herausforderung, weiter Acht zu haben auf Zusammenhänge und Ursachen.

Eines Tages entdeckte ich in einer ganz bestimmten, sehr verbreiteten Haltung eine weitere Grundursache für dämonische Angriffe. – Man kann die besten Entdeckungen machen, wenn man nicht so schnell die Waffen streckt.

4

Ein junger Mann, der zu mir in die Seelsorge kam, hatte mir seine Vorgeschichte erzählt und Schädigungen aus der Vergangenheit mitgeteilt, auch schon Hilfe empfangen. Aber es blieben noch Symptome übrig, die nicht so ohne weiteres zu knacken waren. Meine Möglichkeiten waren ausgeschöpft. Während er sprach und ich innerlich betete, stand vor meinem Auge der Begriff *Verwundung*, nicht spezielle Formen von Verwundungen oder Beeinträchtigungen, sondern ich sah auf einmal die Defizite seines Lebens.

Alles, was Eltern uns vorenthalten oder zufügen, hinterlässt nicht nur umschriebene, schmerzliche Verletzungen, sondern unterläuft den Wert unseres Ichs, mindert unser Selbstwertgefühl, ist ein Anschlag auf das Bild, das wir von uns haben. Ein Vorgang, der auch in der säkularen Therapie bekannt ist, wenn auch unter anderen Begriffen. Und das hatte dieser Mann als Kind nicht nur nicht hingenommen, er hat dagegengearbeitet und ein bestimmtes Spektrum an Selbsthilfemaßnahmen entwickelt.

Als Jugendlicher wurde er der Anführer einer spleenigen Motorradgruppe. Und er war, was Verschrobenheit anlangte, modische Gags oder cooles Auftreten, der Skurrilste von allen. Mit dem Beginn eines Studiums ließ er diese Gruppe hinter sich. Und nun entwickelte er neue und andere Formen, um sich Überlegenheit zu sichern. Und weil er damit erfolgreich war, entstand in ihm das Gefühl, es geschafft zu haben, jemand zu sein. „Ich bin jetzt wer", hat er sich gesagt. Gleichzeitig entwickelte er Verfahren, Leute auflaufen zu lassen oder zu beherrschen.

Als auch das eines Tages nicht mehr seinen Zweck erfüllte, begann er, sich an Menschen binden und sie als Lieferanten von Bestätigung zu benutzen. Als das auch nicht mehr verlässlich funktionierte, verfiel er in Depression. Depression ist häufig die Folge, wenn Anerkennung durch andere ausbleibt, wenn latente Größenideen nicht bestätigt, sondern frustriert werden. – Und nun war er bei mir.

Ich hatte gerade in den Wochen und Monaten zuvor viel über Jeremia 17 (Jer 17,5-6) gepredigt:

„Verflucht ist der Mann, der auf Menschen vertraut und Fleisch für seinen Arm hält und dessen Herz vom Herrn weicht! Er wird sein wie ein Strauch in der Wüste; er wird nichts Gutes kommen sehen, sondern muss in dürren Wüstenstrichen hausen, in einem salzigen Lande, wo niemand wohnt."

Auf einmal war es für mich sonnenklar: „Fluch" heißt es dort. Und der Fluch, der hier angesprochen ist, kennzeichnet nicht nur eine Situation, in der Sünde eine Rolle spielt, sondern eine, in der sich dämonische Kräfte manifestieren, um ununterbrochen zerstörerisch zu wirken und Leid zu erzeugen. Und so wurde für mich ein neuer Modus sichtbar, wie man sich den Fluch einhandeln und dämonische Kräfte auf sich ziehen kann: Indem man sich, womöglich mit christlichen Vokabeln auf den Lippen, aber *praktisch* ohne Gott, auf Menschen verlässt.

Im Verlauf meiner Seelsorgepraxis habe ich dann diese These gewissenhaft und kritisch, biblisch und von der Empirie her untersucht. Und sie hat sich inzwischen in großer Breite bestätigt: Verflucht ist der Mensch, der sich an Gott vorbei selbst hilft. Er ist wie ein Dornbusch, also eine wandelnde Verwundung. Jeder, der ihn berührt, kriegt eins ab. Er ist in der Wüste und bleibt in der Wüste. Und selbst wenn er das Gute sucht, entdeckt er es nicht. Er bleibt einsam, unfruchtbar, erlebt Gefängnis, Zerstörung, Trockenheit, Dürre.

Es geht hier nur um die Tatsache, dass man statt auf Gott auf sich selbst vertraut hat, nicht darum, dass man gehurt hat, dass man einen Einbruch verübte, dass man ein Dealer geworden ist. Nichts dergleichen. Nur dass man sich ohne nach Gottes Willen zu fragen eigenmächtig selbst geholfen hat. – So gesehen verstehen wir jetzt, was David sagte, als Abigail ihn daran gehindert hat, Nabal umzubringen: „Dem Herrn sei Dank, dass du mich daran gehindert hast, mir selbst zu helfen“ (vgl. 1 Sam 25,33).

Selbsterlösung dieser Art ist die Ursünde schlechthin, denn sie bedeutet Unabhängigkeit von Gott, nicht mit Gott leben wollen. Es ohne ihn versuchen. Das war die Sünde Luzifers, als er zu Satan wurde. Ohne Gottes Hilfe und Auftrag etwas bewerkstelligen wollen. Wir brauchen ein Verständnis von der Bosheit, von der abgründigen Verworfenheit der Unabhängigkeit. Denn jenseits von Gott gibt es nichts Gutes. Alles, was gut ist, kommt von Gott. Und auch alles, was man als Christ, immer noch in Unabhängigkeit von Gott tut, weil man es auch schon vor seiner Bekehrung so gemacht hat, ist Sünde und zieht einen Fluch nach sich.

Diese Fährte habe ich aufgenommen. Sie hat sich als richtig erwiesen. Sie war ein Schlüssel zur Therapie. Meine Heilungsquote verbesserte sich weiter.

5

Ein weiteres Grundthema für Befreiung ist das Thema Glauben. Mangel an Glauben ist die Kehrseite der oben beschriebenen Erlösung in eigener Kraft. Wenn die Diagnose Selbsterlösung lautet, dann heißt die Therapie Glauben. Wenn das Wort aus Römer 14 (Rö 14,23) stimmt, dass alles, was nicht aus Glauben geschieht, Sünde ist, dann sollen wir nichts tun, es sei denn, dass es unserer Glaubensüberzeugung entspricht. „Der Gerechte soll aus Glauben leben", und er wird „von Glauben zu Glauben" gehen. Das heißt, wir nutzen, wofür wir Glauben haben, und erleben Segen. Und gehen dann weiter, aus der einen Glaubenshandlung sofort in die nächste.

Die kürzeste Definition von glauben ist *nehmen*. Wenn wir den Hilfesuchenden große Ziele vorstellen, müssen wir ihnen sagen, dass ihnen das, was diese Ziele beinhalten, bereits mit der Erlösung gegeben wurde, dass es nur noch darauf ankommt zu glauben, sprich *zu nehmen*. Andernfalls verführen wir sie indirekt zur Unabhängigkeit, dazu, ihr Ziel in eigener Kraft zu erlangen, das heißt, sich an den eigenen Haaren aus dem Sumpf ziehen zu wollen.

Der Epheserbrief (vgl. Eph 1,3) sagt uns, dass uns alle göttlichen Segnungen bereits gegeben wurden, dass sie an himmlischen Plätzen bereits vorhanden sind. Und weiter (vgl. Eph 2,10), dass wir ein Werk Gottes sind, dazu geschaffen, die Werke Gottes auszuleben, die – bereits vor Anbeginn der Welt von Gott vorbereitet – vorliegen, dass wir in sie regelrecht hineinschlüpfen können. Sie wurden durch die Erlösung freigesetzt und sind jetzt real vorhanden.

Was wir brauchen, ist also da, zwar nicht sichtbar, aber real. Es steht mir zu, ich darf es per Glauben nehmen. „Glaube nur, daß du das Erbetene empfangen hast, dann wirds dir zuteil“ (Mk 11,23-24), zuteil in der Sichtbarkeit unseres diesseitigen Lebens.

Die Glaubensinhalte, die wir uns so zu eigen machen dürfen, sind vielfältig: Errettung, körperliche und seelische Heilung, Befreiung von der Macht der Sünde, Befreiung von der alten Identität. Besonders, wer eine ganz einseitige, lebenslange negative Prägung in eine bestimmte Identität hinein erfahren hat, bedarf unserer Unterweisung, dass allein durch Nehmen in diesem Sinne eine Umprägung erfolgen kann. Die Verunsicherten sollen hören, dass das, was sie sein wollen, in der Tiefe ihres Herzens bereits da ist, sobald sie Jesus angenommen haben, dass sie erneuert sind, neue Kreaturen, gerecht, fähig und stark. Wenn das nicht nur Vokabeln sind, wenn sie diese göttlichen Zusagen im Glauben angenommen haben, dann erfolgt eine Trennung zwischen ihrem alten Wesen im Fleisch und ihrem neuen Wesen im Geist. Und jetzt, weil sie sich mit ihrem Glauben auf die Seite Gottes gechlagen haben, besteht auch die Möglichkeit, sie mit einem Machtwort im Namen Jesu von jedem aufgesetzten Ego finsterer Kräfte und alter Prägung zu trennen. – Lebt der Betreffende jedoch nicht wenigstens in Ansätzen aus Glauben, dann haben wir diese Möglichkeit nicht. Wir können ihm nicht helfen. Wenn jemand zwar Hilfe haben will, aber in seinem Denken noch am alten Wesen klebt und mehr oder weniger händeringend sagt, „ich bin nun einmal so, ich kann nicht anders, es ist doch meine Natur“, dann können wir uns den Befreiungsdienst sparen.

Glauben heißt, das, was Gott mir über mich zeigt und mir in seinem Wort zusagt, anzunehmen. Und mich gegen die vielfältigen Gegenstimmen meiner Seele zu stellen, die mir nach alter Prägung weismachen wollen, ich sei doch noch der alte Versager, der alte Faulenzer. Ich sei der, der nie runterkommen wird von seiner Sucht, geprägt und bestimmt von den alten Erfahrungen und Wünschen.

Wenn der Teufel kommt, um uns auf diese Weise klar zu machen, dass er noch Anrechte hat, weil wir noch die Alten sind, dann darf der, der eine Bekehrung zu Jesus Christus vollzogen hat, darauf bestehen: „Das stimmt nicht. Ich bin nicht mehr der Alte. Weiche von mir, Satan. Gott hat mir vergeben und mich angenommen. Ich habe in Jesus Erlösung vom alten Wesen und weiß genau, wer ich heute bin. Basta."

Ich hatte seelsorgerlich mit einer Frau zu tun, die neben vielen seelischen Problemen unter einem chronischen Ekzem litt. Wir kamen ganz gut weiter, aber bestimmte Schritte wollte diese Frau nicht gehen. Sie sagte: „Ich kann einfach nicht. Ich möchte, aber ich kann nicht." Das war jener klassische Punkt, wo man als Therapeut leicht mit seinem Latein am Ende ist. Ich war schon auf dem Sprung zu sagen: „Da müssen wir einfach warten." Aber ich merkte, wie der Herr sagte: „Sei doch nicht so beeindruckt von ihrer letzten Feststellung. Lass sie doch aussprechen, was ich alles an ihr getan habe. Lass sie ganz bewusst, nachdenklich, betont und langsam nachsprechen, was Erlösung beinhaltet, was sie bereits hat, was sie nicht mehr per Anstrengung zu erwerben braucht, sondern nur zu nehmen und festzuhalten. Und auch ihren Willen, das annehmen zu wollen, habe ich befreit. Lass sie doch auch das aussprechen und annehmen, dass ich ihren Willen befreit habe."

Das klang ganz gut. Ich ließ diese Schwester aussprechen, dass der Herr sie angenommen hat, bejaht und liebt und begehrt, dass sie kostbar ist in seinen Augen, dass sie auch stark ist in ihm und fähig. Ich machte ihr klar, dass er auch ihren Willen erlöst hat, und bat sie, die Sätze nachzusprechen und im Nachsprechen mit Glauben zu verbinden.

Während sie meiner Bitte nachkam, entstand in ihr die Gewissheit: „Es stimmt. Ich bin befähigt, zu wollen, was der Herr will. Jetzt werde ich das annehmen. Und ich spüre, ich kann das auch."

So hat sie innerhalb von wenigen Minuten eine deutliche Befreiung erlebt. Sie kam danach in ihrem Glaubensleben gut weiter und ist heute eine belastungsfähige Ehefrau, eine Unterstützung für ihren Mann und eine einzige Anschauung, dass man eine solche Hürde nehmen kann.

Lasst uns so Menschen aus ihrem Störrischsein und der Fixierung an die Vergangenheit herausholen. Das ist möglich mit einem Gott, der nicht doch noch hinter seinem Rücken eine Keule hat, sondern der freundlich ist, durchgehend freundlich, gütig und sanft.

Befreiungsdienst praktisch, ein Lebenslauf im Licht

Es fällt auf, dass das Neue Testament mit dem Begriff Dämonen und der Lehre über sie dezent und zurückhaltend umgeht. Und auch ich möchte, obwohl hier viel von Dämonen oder Dämonie die Rede ist, ausdrücklich betonen, dass es auf die Dämonen gar nicht so ankommt. Sie tun nur ihr Werk gemäß ihrem Charakter. Sie sind in vielen Fällen die Produzenten der Symptomatik. Wir müssen deshalb sehen, dass es sie gibt und müssen auch ihre grauenhaften Auswirkungen erkennen, aber in dem Prozess der Seelsorge, im Anmarschweg zur Befreiung, spielen sie gar keine Rolle. Wenn es bei einem Seelsorgetermin darum geht, eine Befreiung vorzubereiten, beschäftige ich mich die weitaus meiste Zeit mit dem Verhalten des Betreffenden in Gegenwart und Vergangenheit, also mit den Entscheidungen im Rahmen seiner Verantwortlichkeit, mit seinem Fehlverhalten und mit Gnade. Und erst dann, ganz am Schluss, sage ich: „Sieh, damit hast du dem Feind Anrechte gegeben. Und die hat er natürlich genutzt. Und deshalb wollen wir ihm jetzt, nachdem du diese Anrechte beseitigt hast, ganz ausdrücklich die Tür weisen."

Erst dann trete ich der dämonischen Macht im Namen Jesu mit einem kurzen Frontalangriff entgegen. So erfolgt keine indirekte Glorifizierung des Feindes, indem er ununterbrochen erörtert wird und seine Künste und Fähigkeiten dargestellt werden. Und alles mit einer Aura des Geheimnisvollen und des Bedrohlichen versehen wird. Ganz und gar nicht.

Anhand einer Fallgeschichte will ich jetzt einen solchen Ablauf von Befreiung verdeutlichen und so die entscheidenden Zusammenhänge noch einmal zeigen.

Eine gläubige Frau, die in meine Seelsorge kam, litt seit einigen Monaten unter einer begrenzten Depression am frühen Morgen. Sie erlebt dann Traurigkeit, Angst, Beklommenheit. Ansonsten galt sie als eine couragierte Christin.

Es stellte sich heraus, dass es in ihrem Leben immer einmal wieder Phasen von Verlassenheit und Einsamkeit gegeben hatte, die zwar schmerzhaft waren, die aber immer wieder verschwanden.

Ein anderes Problem, das sie mitteilte, war eine Unfähigkeit, anderen Personen, vor allem Autoritätspersonen, entgegenzutreten. Sie erlebte sich ihnen gegenüber wie ausgeliefert und ließ zu, dass diese hineinwirkten in ihr Leben. Andererseits kam es im Verhältnis zum anderen Geschlecht immer wieder vor, dass sie zu massiv auftrat, zu stark war, und dass da – bei genauem Hinsehen – leicht hysterische Züge eine Rolle spielten. So weit erst einmal die Auflistung der Symptome.

Sie hatte eine sehr starke Mutter und einen ziemlich schwachen Vater. Beide waren beruflich so beschäftigt gewesen, dass die Kinder kaum etwas von den Eltern gesehen hatten. Als es dann bei ihr Schulschwierigkeiten gab, kamen beide Eltern zu dem Entschluss, sie in ein Internat zu schicken.

Also wurde sie ins Internat geschickt. Aber auch das hat nichts geholfen. Sie kam wieder zurück, und es ging weiter wie gehabt: Die Eltern lebten in einem beständigen Unfrieden und stritten immer mehr, so dass sie, obwohl noch verheiratet, funktionell quasi geschieden waren.

Wir fassten zusammen: Von den Eltern praktisch nur versorgt, nicht geliebt. Von Zärtlichkeit keine Spur. Von Zeithaben noch weniger. Dann wurde sie abgeschoben. Das hat sehr, sehr weh getan. Ihre dominante Mutter hat den Vater immer wieder abgekanzelt oder nicht zu Wort kommen lassen. Er war in ihren Augen so unerträglich inkompetent, dass er von ihr immer häufiger einfach weggeschickt wurde.

Der Vater hat sich dann mit ausgefallenen Hobbys zu trösten gewusst und war infolgedessen auch noch in der Freizeit weg. All das gab für die Tochter nur eine Botschaft: Die Eltern wollen mich nicht. Ich bin nicht erwünscht. Sie schicken mich aus sehr vordergründigen Motiven einfach weg. Ich habe für sie also keine Bedeutung. Und: Ich muss etwas tun, um mich dagegen zu wehren.

So hat sie begonnen, sich an Menschen zu hängen, sich mit Menschen zu verbinden und Menschen auszunutzen. Aber weil dies keine Einbahnstraße ist, hat sie auch erleben müssen, dass diejenigen, an die sie sich gebunden hat, sie ebenfalls ausnutzen und in ihr Leben hineinsprachen. Und so ist es kein Wunder, dass sie später außerstande war, sich gegenüber bestimmten Menschen in einer angemessenen Form abzugrenzen. Und die, an die sie auf der einen Seite zu eng gebunden war, lehnte sie auf der anderen dann Seite ab. Denn, und das kann man generell sagen, wer abgelehnt wurde, lehnt auch andere ab.

Wir hielten also fest: Es gab hier eine Anzahl von Haltungen, von Komplexen, von Einstellungen, von Zwängen, die wir ableiten konnten von situativen Umständen der Kindheit.

Im weiteren Verlauf gingen wir nun alles im Einzelnen durch, alle Stationen ihres Lebens. Dabei hat sie den Eltern Ablehnung in jeder Erscheinungsform vergeben, nicht nur die einzelnen Verhaltensweisen, auch die Gesamthaltung. Sie hat den Eltern vergeben, dass sie im Streit gelebt und damit die Kinder der Schutzlosigkeit preisgegeben haben. Sie hat ihrer Mutter vergeben, dass sie so dominant war. Denn sie merkte, als sie dieses Thema aufgegriffen hatte, dass es allgegenwärtig war in ihrem Denken.

Es war äußerst schwer für sie, eine normale Beziehung zu einem Mann aufzunehmen. Sie hatte von Kindesbeinen an gelernt, wie man mit Männern umgeht, dass sie Schachfiguren waren, die die Frauen einfach herumschieben konnten. Und dass Männer eigentlich zu verachten sind. Sie hatte von daher Riesenängste vor Männern, andererseits auch starke Sehnsucht nach ihnen.

Also hat sie ihrer Mutter von Herzen vergeben, dass sie diese Art zu denken und zu reagieren und Männer zu bewerten in ihr Leben gepflanzt hat.

Dann gingen wir über zu dem Thema Bindung an Menschen. Dieses Thema ging auf das Konto Selbstprofilierung, Selbsterlösung. Sie hatte ihre Defizite nicht ertragen können und sich mit der Bindung an Menschen Trost zu verschaffen versucht. Jetzt vollzog sie die Gegen-Entscheidung:

„Herr, ich sehne mich danach, diesen komplizierten Weg aufzugeben, auf dem ich mir über meine eigenen Leistungen oder dadurch, dass ich andere unterjoche, Menschen gefügig mache und an mich binde oder mich an sie. Bitte vergib mir. Ich habe das nicht mehr nötig, ich wende mich gleich an dich. Dein Wort sagt mir, dass du mich liebst. Ich entscheide mich, das zu glauben. Ich nehme dein Gnadenangebot an, und es reicht mir aus. Ich entscheide mich, mir keine Überlegenheitsgefühle mehr durch den Griff nach Menschen zu verschaffen, mir keine Stärkung meines Ichgefühls auf diesem Wege mehr zu besorgen."

Sie trennte sich auch von dem Mechanismus, sich durch Selbstmitleid ununterbrochen Lustgefühle zu verschaffen. Selbstmitleid ist jenes Verfahren, das man entwickelt, wenn man andere niedriger einstuft als sich selbst und sich dann als Märtyrer der primitiven Umgebung erlebt. Das ermöglicht den Schluss, dass man als Edler verkannt sein muss und dass diese primitive Umgebung ja gar nicht anders kann, als mich so zu behandeln. Auf diese Weise wird mir dann vermittelt, dass ich doch eine kostbare, edle und überlegene Persönlichkeit bin, die allerdings zur verkehrten Zeit in der verkehrten Umwelt lebt.

Und nachdem sie im Bereich dieser Haltungen wirklich Buße getan hat in dem Sinne, dass sie umgedacht und andern vergeben und Gott auch um Vergebung gebeten hat, gingen wir heran an die dämonische Komponente, die vom Feind noch draufgesetzt war.

Das war dann meine Aufgabe, im Namen Jesu zu befehlen: „Du Geist der Verlassenheit, du Geist der Abwehr, du Geist der Unfähigkeit zu lieben und Liebe anzunehmen, du Geist von Minderwertigkeit, du Geist des Selbstmitleides, im Namen Jesu, gehe!“

Danach saßen wir uns gegenüber. Es war einer der hässlichen Augenblicke, wo man nach bestem Wissen und Gewissen geredet, geraten und gehandelt hatte, aber nichts geschieht. Aber ich war nicht verzweifelt. Ich wusste, dass da noch etwas fehlen musste. Denn es gibt eine Gesetzmäßigkeit im Befreiungsdienst: Solange nicht *alle* relevanten Fehlentscheidungen erreicht und korrigiert worden sind, handelt der Herr nicht im Sinne von echter Befreiung. So wird vermieden, dass jemand partiell befreit wird und wichtige Fehlhaltungen unentdeckt bleiben. Denn das wäre fatal. Gott ist schon ein eifersüchtiger Gott. (Das ist die andere Seite seiner Liebe.)

Und so saßen wir uns gegenüber und prüften: Haben wir etwas Wichtiges übersehen? Wir beteten eine Zeitlang still und fragten den Heiligen Geist.

Dabei sprach der Herr zu mir, indem er mir eine Vokabel gab. Sie lautete *Verachtung*. Also fragte ich: „Wie steht es mit Verachtung?“ Sie räumte ein: „Da kann schon etwas bei mir da sein, aber eigentlich ist das nicht so erheblich.“ Ich blieb dabei und bat sie: „Geh nach Hause. In zwei oder drei Wochen werde ich dich noch einmal fragen.“ Ich gab ihr noch ein paar andere Aufgaben mit, blieb aber vor allem bei dem Thema Verachtung.

Dann traf ich sie nach zwei oder drei Wochen, und sie packte gleich aus: „Du weißt, wie ich von dir gegangen bin. Ich habe so leichthin gesagt, wenn du willst, kann ich dir etwas liefern, was mit Verachtung zu tun hat. Aber ich war nicht sehr überzeugt. Als ich dann zu Hause darüber brütete, öffnete mir der Heilige Geist das Verständnis, und ich konnte sehen, dass mein ganzes Leben, alle meine Beziehungen, bestimmt waren von diesem Kriterium. Ich hatte die Menschen stillschweigend eingestuft in solche, mit denen ich Umgang haben und andere, die ich verachten und meiden wollte, weil ich merkte, sie stehen weit unter mir."

Dann hat sie mir aufgezählt, wie sie verachtet hat, welches ihre Formen waren, Verachtung auszuleben. Und das war in der Tat beeindruckend. Davon hat sie sich im Namen Jesu getrennt. Dazu gehörte ein Glaubensschritt in dem Sinne: „Herr, ich will dir glauben, dass ich das nicht mehr brauche. Es ist so viel Zuwendung von dir da, so viel Bestätigung, so viel Liebe. Ich brauche diese Methode nicht mehr, um mir Überlegenheit zu sichern. Ich verzichte darauf. Ich habe genug an dem, was du als die wichtigste Person meines Lebens von mir hältst."

Und jetzt konnte ich befehlen: „Geist der Ablehnung, im Namen Jesu, nachdem du gar keinen Nährboden mehr hast, kein Anrecht mehr, denn meine Schwester hat sich jetzt von dir getrennt, gibt es keinen Grund mehr für dich zu bleiben. Und ich sage dir: Geh!"

Und er ging. Sofort – und mit unübersehbaren Manifestationen im Bereich des vegetativen Nervensystems.

Dann befahl ich: „Du Geist der Unfähigkeit, Gemeinschaft zu haben mit Gott und Menschen, du hast keinen Grund mehr zu bleiben, meine Schwester hat Gnade genommen und Gnade gegeben. Es gibt keinen Grund mehr, dass du sie weiter bedrückst." Und auch dieser Geist ging unter deutlichen Manifestationen.

Sei ganz ruhig. Hab keine Angst. Ich bin das Leben. Ich kann das Zerbrochene wieder heilen, auch wenn es noch so schlimm aussieht.

Danach wurde ich kühner und befahl auch dem Geist der zwanghaften Minderwertigkeitsgefühle: „Ich sage dir, du bist nicht nur eine Stimmung, du bist nicht nur ein Eindruck, du bist nicht nur ein gefühlsmäßiger Sachverhalt, du bist darüber hinaus noch eine unsichtbare Person, ein Zweit-Ego. Ich gestatte dir nicht, dass du meine Schwester, die eine Heilige Gottes ist, weiter demütigst. Raus mit dir!"

Und er ging. Innerhalb von Sekunden.

Dann ging ich über zu dem Geist der Unfähigkeit zu lieben. Bei dem, was wir über Eltern wissen, muss dieser Geist eine bestimmte Rolle spielen. Und auch dieser ging, weil ihm die geistlichen Grundlagen entzogen waren.

Dann kamen wir zu dem Geist von Selbstmitleid und zu dem Geist der Verachtung. Und auch diese verschwanden. Und dann, am Schluß der ganzen Angelegenheit, haben wir uns um das urspüngliche Symptom gekümmert, um die Depression. Und auch der Geist der Depression hatte zu gehen. Alles innerhalb von Sekunden. Die Frau stand auf, war sehr vergnügt, und das blieb auch so.

Ich gebe zu, dass – wenn der Anmarschweg nicht sorfältig genommen wird – Geister auch wieder zurückkehren. Aber das ist auch kein Problem. Dann gehen wir an der Stelle mit noch mehr Aufmerksamkeit hindurch und gebieten dem Feind erneut.

Es gibt keine Methode, die ein Abkürzungsweg wäre zur Heilung und zur Heiligung. Es gibt sie nicht. Was ich hier vorzulegen versuchte, ist nichts anderes als die Annahme des Angebotes der Umkehr von Sünde mit einer Zuspitzung auf letzte Feinheiten, statt sich bei

Allgemeinplätzen aufzuhalten. Es ist nichts anderes als die Bitte an den Hilfesuchenden, mit der vorhandenen Gnade Gottes konkret und exakt umzugehen. Und wenn das geschieht, wenn der Betreffende nur noch mit der Gnade Gottes und nicht mehr mit der eigenen Kraft operiert, dann ist der Feind erledigt, dann haben wir Macht über ihn. Dann kann man all diese chronischen, zwanghaften Charakteranteile von der Person abtrennen, die gar keine Anteile sind, sondern Fremd-Egos. Und man kann erleben, wie die Menschen freigesetzt werden und auch in dieser Freiheit bleiben, also keine „Drehtürseelsorge" vollzogen wird.

Übersicht biblischer Aussagen zum Thema

I. DÄMONIE IM ALTEN TESTAMENT

- Götzen, denen man opferte (3 Mo 17,7; 5 Mo 32,17; Ps 106,35-38; 2 Chr 11,15)
- Böser, plagender Geist (1 Sam 16,14-16; 18,10; 19,9-10)
- Geist der Lüge (1 Kö 22,19-23)
- Nationale Fürstendämonen (2 Chr 21,16; Dan 10,12-20; 11,1)
- Geist der Betäubung (Jes 29,9-11)
- Geist der Unreinheit (Sach 13,2)
- Unglücksengel (Ps 78,49)

II. DÄMONEN SIND

gewaltige (Eph 6,12), aber auch gewalttätige und bösartige (Mt 8,28; Mk 5,2-5; Lk 8,29), grausame (Mt 17,5, Mk 5,5; 9,18-27, Lk 6,18; 9,39-42) mordlustige (Mt 8,32; Mk 9,22) Geister (Mt 12,43-45), die einzeln (1 Sam 16,14-15; Mk 1,23-26; 7,25-26) oder in Massen auftreten (Mt 12,45; Lk 8,30). Offenbar körper- und ruhelos (Mt 12,43-44), suchen sie ihre Behausungen in Menschen (Mk 5,2) und Tieren (Mk 5,13). Die Heilige Schrift nennt sie unrein (Mt 10,1; 12,43; Mk 1,23-24). Den Gläubigen sind sie untertan (Mt 10,1; Lk 10,17-20). Sie werden mit Götzen identifiziert (3 Mo 17,7; 5 Mo 32,17; Ps 106,35-38; 2 Chr 11,15; 1 Kor 10,19-21).

III. WAS TUN DÄMONEN

- Sie treiben an (1 Sam 18,10; Lk 8,29)
- machen taub (Mk 9,25-26)
- machen blind (Mt 12,22)
- machen stumm (Mt 9,32-33; Mk 9,17-26)
- krümmen den Körper (Lk 13,11)
- sprechen (Mt 12,43-44; Mk 1,23-26)
- schreien (Mt 8,29; Lk 8,28; Apg 8,7)
- lügen (1 Kön 22,19-23; 1 Tim 4,1-3)
- haben Angst vor Austreibung (Mt 8,29-31; Mk 5,9-10)
- erkennen Jesus an (Mt 8,29; Mk 1,23-26; Apg 19,15)
- zittern (Jak 2,19)
- wollen nicht in den Abgrund (Lk 8,31)
- wissen, dass sie einst gequält werden (Mt 8,29)

IV. DÄMONEN WERDEN AUSGETRIEBEN

1. im Namen Jesu Christi (Mk 9,38-39; 16,17; Apg 16,18)
2. durch den Geist Gottes (Mt 12,28)
3. im Glauben (Mk 16,17)
4. durch Worte (Mt 8,16)
5. durch Bedrohen und Gebieten (Mt 17,18; Lk 8,42)

V. WIE FAHREN DÄMONEN AUS?

- unter Schreien (Mk 9,26-27; Apg 8,7)
- unter Zerren und Schmerzen (Mk 1,26; Lk 9,39)

VI. VORBEREITUNG ZUR AUSTREIBUNG VON DÄMONEN

Nur Jesus kann befreien (Kol 2,15), Zaubergegenstände müssen vernichtet werden (Apg 19,19), mediale Kontakte sind zu lösen (1Kor 10,20; Eph 6,11; 2 Kor 6,14). Ein recht verstandenes Beichtgespräch ist unerlässlich (Mt 18,19-20), auf eine Lossprechung darf nicht verzichtet werden (Mt 18,18; 2 Kor 4,2), dann folgt der Zuspruch der Sündenvergebung (Joh 20,23; 2 Kor 2,10-11; 1 Joh 1,9). Eine Gebetsgemeinschaft ist in vielen Fällen unerlässlich (Mt 18,19-20), manchmal ist Fasten notwendig (Mt 17,21; Mk 9,29). Wichtig: Geisterunterscheidung (1 Kor 12,10; Hebr 5,14), Dämonen binden (Mt 12,28-29; 18,18); Jesus in uns, dem Dämonen gehorchen müssen (1 Joh 4,4).

VII. WAS GESCHIEHT NACH DER AUSTREIBUNG DER DÄMONEN

1. Die Dämonen wollen wieder in dasselbe Haus (Mt 12,43-45).
2. Die Aufforderung, Jesus zu bekennen (Mk 5,18-20).

VIII. DER BIBLISCHE AUFTRAG ZUM AUSTREIBEN DER DÄMONEN

Im Alten Testament: Jes 42,6.7; 49,9; 61,1
Im Neuen Testament: Mt 10,8; Mk 16,17; Lk 9,1; 11,17-20; Apg 8,6-7

IX: DIE FRAGE DES SCHUTZES

Gläubige genießen besonderen Schutz (Eph 6,10-18)
Ungläubige haben diesen Schutz nicht (Hebr 3,18-19; Offb 21,8)

Zusammenstellung von Peter Dippl, Berlin.
Mit freundlicher Genehmigung entnommen aus
CHARISMA 88, Düsseldorf 1994.

Weitere Bücher aus dem Hymnus-Verlag

zu beziehen über den Buchhandel oder direkt: Hymnus-Verlag, Parkstr. 2a, D-97228 Rottendorf

Kernpassagen aus „ENTWEDER/ODER“, bearbeitet von

Hanne Baar
KIERKEGAARD ZUM 18TEN
Beiträge zu einer christlichen Tiefenpsychologie

Hymnus-Verlag, Rottendorf 1997
Pb., 84 S., 10 EUR
ISBN 3-9803801-6-5

„Kierkegaard zum 18ten“ gründet auf einem Text aus Kierkegaards ENTWEDER/ODER, der einen klassischen Konflikt aufgreift: Den Kampf um die Entscheidung zwischen einer unbeirrbaren Gewissenhaftigkeit auf der einen und dem Wunsch nach leichtfertigen Genüssen auf der anderen Seite.

Ein klassischer Text
zu einem klassischen Thema
(bearbeitet, gekürzt und leichter lesbar gemacht)

Passendes Geschenk zum Abitur oder Volljährigkeitsgeburtstag

Kernpassagen aus „DIE KRANKHEIT ZUM TODE“, bearbeitet von

Hanne Baar
KIERKEGAARD FÜR VOLLJÄHRIGE
Beiträge zu einer christlichen Tiefenpsychologie

Hymnus-Verlag
Pb, 110 Seiten, 10 EUR
ISBN 3-933959-01-2

Verzweiflung, eine „Krankheit zum Tode“? Nein, gerade der tiefste Verzweiflungspunkt verbirgt den Zugang zu einem von Verzweiflung befreiten Leben.

Ein klassischer Text
zu einem klassischen Thema
(bearbeitet, gekürzt und leichter lesbar gemacht)

Geeignete Lektüre für Seelsorger und christliche Therapeuten, Arbeitsunterlage für Religions-, Ethik- und Philosophieunterricht an Fachschulen, Gymnasien, Bibelschulen. – Passendes Geschenk zum Abitur oder Volljährigkeitsgeburtstag.

Hanne Baar (Hrsg.)
GOTTESVERWECHSLUNG
Jana-Herzberg-Grafiken

Hymnus-Verlag, Rottendorf 1999
Pb., 120 S., 75 Illustr., 10 EUR
ISBN 3-9803801-9-X

Unverarbeitete seelische Verletzungen verfinstern und vergiften unsere Vorstellungswelt. Der Prozess einer Gottes-Entgiftung ist in 75 treffsicheren Grafiken festgehalten und kommentiert.

Inhalt der Zeichnungen:
- Das dem Vater Übelgenommene
- Das der Mutter Übelgenommene
- Die Herzlosigkeit der „Hiobsfreunde“
- Eine schmerzliche Spaltung im eigenen Innern
- Unterscheidung und Erlösung von den Übeln

„Bei falschen Gottesbildern ist die Umkehr in einer Tiefe nötig, bis zu der diese Bilder reichen.“
(Klaus-Dieter Passon, Pastor, Düsseldorf)

„Dies ist das Buch, auf das ich für meine seelsorgerliche Arbeit gewartet habe.“
(Dr. med. Axel Schwall, Chr. Therapeut-IACP, Kitzingen)

Hanne Baar
WIE MAN WAHNSINNIG WERDEN KANN
Beiträge zu einer christlichen Tiefenpsychologie

Hymnus-Verlag
PB, 96 S., 34 Abb., 10 EUR
ISBN 3-9803801-5-7

Es gibt einen „Virus“, der unsere Denkprogramme umfunktioniert und uns in den Wahnsinn zu treiben versucht. Wer seine in sich widersprüchlichen und eskalierenden Ansprüche nicht in Frage zu stellen bereit ist, und zwar „um keinen Preis“, den zerreißt es. In diese Zerrissenheit hinein bietet sich (pseudoverbindend) der Wahnsinn an.

„Eine spannende, fachlich saubere Aufspürarbeit.“
(Dr. med Rolf Senst, Facharzt für Psychiatrie und Psychotherapie, Leiter der DE'IGNIS-Fachklinik in Egenhausen)

Hanne Baar (Hrsg.)
DIE VOGELSTIMMEN-FREIE ZEIT
Lebenskrisen im Rückblick

Hymnus-Verlag
Pb., 160 S., 7,50 EUR
ISBN 3-9803801-7-3

Fünf rückblickend gedeutete Krisenberichte von fünf verschiedenen Autoren. „Ein Mutmach-Buch für Menschen in Krisen und für solche, die Menschen in Krisen beistehen.“

Hanne Baar
DIE NAMEN MEINER FEINDE
Haltungssünden unter der psychologischen Lupe

Hymnus-Verlag
Tb., 120 S., 7,50 EUR
ISBN 3-9803801-2-2

Viele Menschen fühlen sich heute unter Druck, manche permanent und in sich steigernder Weise. Sie sind geradezu druckallergisch. Alles wird ihnen zu eng:

Kleider, Vorschriften, Termine, Erwartungen und Ansprüche anderer. Vor allem quält sie der Druck, der von den (wirklichen oder vermeintlichen) „Bergen unerledigter Arbeit“ ausgeht. Das Ergebnis ist ein beständiges Gefühl von Überforderung, das alle Freude tötet.

In der Bereitschaft, sich den ätzenden Gefühlen und Gedanken zu stellen, zeigen die inneren Feinde ihr Gesicht und verraten ihre Namen.

auch in Englisch:

Hanne Baar
THE NAMES
OF MY ENEMIES
Foreword by John Sandford

Hymnus-Verlag
Tb., 130 S., 7,50 EUR
ISBN 3-933959-00-4

On the Track of Attitude Sins – A Personal Study in Christian Psychology

Hanne Baar
QUÄLGEIST EIFERSUCHT

Hymnus-Verlag,
Tb., 100 S., 7,50 EUR
ISBN 3-9803801-1-4

„Eine gläubige Frau und Fachkollegin gibt hier ihr bewegendes Zeugnis. Sie erkennt, wie sie von Gefühlen beherrscht wird, die leiden machen und Leiden bereiten. Mit einer Offenheit, die betroffen macht, schildert sie ihre Erfahrungen. Wissend geworden, versucht sie gar nicht erst, den kranken Gefühlsknoten, der in uns allen wuchert, mit profanen Psychotherapie-Techniken aufzulösen. Sie bringt den Mut auf, den Befund zu erkennen und beim Namen zu nennen und am Besitztum der Kränkung nicht länger festzuhalten."
(Dr. K.-H. Mandel, Diplompsychologe, Prem a. Lech)

Das Buch hilft, Eifersuchtsgefühle tiefer zu verstehen und besser durchzustehen.

Hanne Baar
GOTT MACHT KEINE FEHLER
Essays zum Nachspüren

Br. 11 x 18, 84 S., 7.50 EUR
Illustr. Jana Herzberg
ISBN 3-933959-02-0

Aus dem Inhalt:
Neid und Eifersucht, Quelle der Qualen – Wut, in der Welt gesteht man sie sich zu, als Christ gesteht man sie sich ein – Theodizee – Zusammenhänge „sehen" oder konstruieren? – Verlorenes Paradies, aber nicht verlorenes Reich Gottes – Heilung am wunden Punkt

Hanne Baar
GOTT MACHT DAS KRUMME GERADE
Essays zum Nachspüren

Hymnus-Verlag
Tb., 72 S., 7,50 EUR
ISBN 3-9803801-0-6

Aus dem Inhalt: Wonach sich das Herz verrenkt – Entstehung negativer Haltungen – Eifersucht – Das dominante Wesen – Leistungsorientiertheit und Glaube – Die Grenze zum Wahnsinn – Seelischer Schmerz und die Angst davor – Hilfen in der Krise – Gebetskampf *und andere*

Hanne Baar
GOTT MACHT DAS SCHWACHE STARK
Essays zum Nachspüren

Hymnus-Verlag
Tb., 72 S., 7,50 EUR
ISBN 3-9803801-3-0

Aus dem Inhalt: Druck, Stress und keine Zeit – Wollen, was Gott will oder: Das feine, freie Zusammenspiel von Wille und Gewissen – Den Riegel lösen: Ein Beitrag zum Thema Resignation – Bei Gott ist kein Ansehen der Person – Die Tücken innerer Gewissheit – Liebessehnsucht und Bindungsangst – Die Herkunft moralischer Werturteile (in Anlehnung an Max Scheler) – Awareness – Heilung von Beziehungswunden